나는
혼자 설
준비가
되어 있다

무엇에도
흔들리지 않는
마음 연습 33

김이율 지음

아템포

나는 언제든 혼자 설 준비가 되어 있다!

프랑스 철학자 자크 라캉은 이런 말을 남겼습니다.

"인간은 타자의 욕망을 욕망한다."

이 말을 쉽게 풀자면 인간은 나 자신의 욕망보다도 남의 욕망을 충족시키기 위해 산다는 겁니다. 남의 눈치를 보게 되고 남의 기대에 부응하기 위해 나 자신의 의지와는 별 상관없는 선택을 하게 된다는 거죠.

사실 이 세상에 태어나는 그 순간부터 우리 앞에는 나만의 인생 여정이 펼쳐집니다. 그 인생은 그 누가 대신 살아줄 수도 없고 누군가에게 대신 살아달라고 부탁할 수도 없습니다. 너무나도 당연한 진리이건만 실제의 삶에서는 잘 적용되지 않습니다. 삶의 욕망이나 방향을 결정하는 주체가 나 자신이어야 하는데 타자의 입김이나 기대에 의해 결정되는 게 너무 많습니다. 내 인생의 주도권을 내가 아닌 타자가 쥐고 흔드는 꼴입니다.

타자의 욕망을 욕망하는 이들에게 과연 자신의 삶이 있다고 말할 수 있을까요? 엄밀히 따지면 그건 자신의 삶을 살고 있는 게 아니라 타자의 삶을 내가 대신 살아주고 있는 것입니다. 하나에서 열까지 타자를 의식하고 타자가 정해놓은 기준과 원칙의 테두리에서 산다면 그게 어찌 내 삶이라고 할 수 있을까요.

타자의 욕망을 욕망하는 삶에 익숙해지고 그런 삶을 오래도록 지속하다 보면 점점 자기 자신은 나약해지고 의존적인 성향으로 변하게 됩니다. 뭐 하나 속 시원하게 스스로 선택하고 결정하는 게 없다 보니 당연히 독립성, 혹은 자율성이 결여될 수밖에 없죠.

무슨 문제라도 하나 터지면 비 맞은 강아지처럼 벌벌 떨며 어쩔 줄 몰라 합니다. 심지어 이런 생각까지 하게 됩니다. '차라리 강한 자 밑에 들어가는 게 더 안전하고 행복할 것 같다.' 얼핏 생각하면 수긍할 수도 있지만 두 번 곱씹으면 이 얼마나 비굴하고 비참한 생각인가요.

초원에서 바람을 가르며 마음껏 뛰어다니던 야생마 한 마리가 있었습니다. 그런데 어느 날 사냥꾼에게 포획되어 조련사에게 넘겨졌습니다. 조련사는 야생마에게 고삐를 채우고 안장을 얹었습니다. 그러자 말이 앞발을 하늘 높이 치켜들며 길길이 날뛰었습니다. 조련사는 당근으로 야생마를 달랬고 또다시 시도했습니다. 이번에는 말이 뒷발 차기를 하며 난동을 부렸습니다. 조련사는 당황하지 않고 말을 다독거립니다. 조련사는 며칠 동안 말을 길들이는 데 공을 들였습니다. 마침내 말을 잘 듣는 착한 말이 되었습니다. 심지어 말은 조련사가 옆에 없으면 불안 증세까지 보이는 나약한 짐승이 되고 맙니다. 광야를 거칠게 뛰어다녔던 자신의 옛 모습도, 홀로 살아가는 방법조차도 다 잊어버리게 된 것입니다.

야생마가 나약한 말로 변하는 것을 보고 한심하고 안타깝다고 말하는 사람이 있을지 모릅니다. 그런데 그 야생마가 어쩌면 우리의 모습일지도 모릅니다.

사람들 속에 있어도 자꾸 외롭다는 생각이 든다면?

자꾸만 마음이 흔들리고, 작은 일에도 쉽게 마음이 부러지려 한다면?

5년 후 내 모습을 생각하면 한숨만 휴우 하고 나온다면?

그건 아직 혼자 설 준비가 덜 되었기 때문입니다. 혼자 서지 못하는 사람은 늘 외로움에 홀로 아파하고 세상 앞에서 주눅이 든 채 살아갑니다. 자신감은 찾아보기 힘들고, 작은 일에도 쉽게 마음이 부러집니다. 그렇게 홀로 서지 못한 채 살아가다 보면 결국 우울함에 빠지고 맙니다. 내 마음이 자꾸 흔들리고 불안한데 어찌 타인과 잘 어울릴 수 있을까요. 물질적이든 심리적이든 나 스스로 설 수 있을 때 타인도 나를 필요로 하는 것입니다.

그렇다면 흔들리지 않는 마음을 가지려면 어떻게 해야 할까요? 필자가 생각한 혼자 서는 방법은 다음 여섯 가지입니다.

❶ 무엇보다 나 자신을 믿기

❷ 5년 후 내 꿈을 적어보기

❸ 속도를 늦추고 주위를 둘러보기

❹ 타인에게 먼저 주기

❺ 느리지도 급하지도 않게 평생 공부하기

❻ 내면의 상처 앞에 당당히 서기

이 책은 '당당하게 혼자 서는 인생'을 살고자 하는 이들과 더 이상 나약한 마음으로 살고 싶지 않은 이들에게 주는 작은 비타민 상자입니다. 책, 영화, 일화 등 늘 우리 주변에서 함께하는 소소한 것들 속에서 필자가 찾아낸 소박한 잠언들은 거창하진 않지만 마음을 단단하게 하는 데는 아마 부족함이 없을 겁니다.

부디 이 작은 책이 흔들리는 인생에게 위로와 함께 자신만의 방향을 잡는 데 도움이 되었으면 하는 바람을 가져봅니다. (참, 꼭 필자가 구성한 순서대로 읽을 필요는 없습니다. 차례를 보고 나에게 가장 필요하겠다 싶은 순서대로 읽어도 좋습니다.)

김이율

1장

인생이 흔들릴 땐,

나를 믿어야 할 시간

1

쓸모없는
것들의 힘

―――

어떤 크나큰 계기나 사건이
나의 일생을 변화시켜주기를
바라는 것은 잘못된 오해다.
우리의 인생을 요술처럼
멋지게 만들어주고 성공시켜주는 것은
작은 경험들의 연속으로 이루어지기 때문이다.

_팀 한셀 Tim Hansel

수학자와 식당일

우리는 대개 자신과 상관없어 보이는 경험에 대해서는 회피하거나 무시하려는 경향이 있다. 이를테면 수학자가 꿈인 이에게 지금 아르바이트로 하고 있는 식당일은 어떤 가치가 있을까? 아니 그 사람은 식당일에 대해 어떤 생각을 할까? 물론 식당에서 일한다고 해서 수학 문제를 더 잘 풀 수는 없을 것이다. 그러나 조금 더 멀리 넓게 본다면 이야기는 달라진다.

그가 나중에 수학자가 되었다고 하자. 하루 종일 수학 문제만 풀며 살까? 그렇지 않다. 수학은 인생에 있어 일정 부분을 차지하겠지만 그렇다고 수학이 인생의 전부는 아니다. 수학자도 생활인이다. 남들과 같이 일상적인 삶을 살아야 하고 다른 사람들과도 관계를 맺어야 한다. 인생을 제대로 살아야 수학자로서의 삶도 제대로 살 수 있다. 인생을 사는 데는 수학 공식보다 때론 식당에서 일하면서 깨달았던 것들, 그러니까 성실하고 친절한 태도, 동료애 같은 것들이 더 도움이 될 수도 있다.

그렇기에 지금 하고 있는 일이 작고 사소하다고 해서, 당장 꿈을 이루고 성과를 내는 데 큰 도움이 되지 않는다 해서 너무 속상해하거나 가치 없는 일이라고 치부해서는 안 된다. 지금 당장 이익이 되는 일이 아닌데 군이 해야 하나? 남들도 하기 싫어하는 일을 왜 내가 해야 하나? 이런지런 생각 때문에 주저하고 망설이지 말라는 것이다. 그런 고민이 오히려 시간 낭비다.

이승한 전 홈플러스 회장은 《창조 바이러스 H2C》에서 이 세상에 쓸모없는 일은 하나도 없다고 썼다.

■ 슈퍼마켓에서 맞이하는 이른 아침의 식료품 냄새를 잊을 수 없다. 늦은 밤까지 매장에 남아 어떤 물건이 소비자들에게 외면받았고 어떤 물건들이 많이 팔렸는지 숫자를 헤아리며, 언젠가는 이런 경험이 다 쓰일 데가 있을 거라는 작은 믿음을 가졌다.

홈플러스 경영자가 되고 보니, 이 세상에 쓸모없는 경험이란 없다는 생각이 새삼 든다. 낮은 곳으로 내려오는 이유는 높은 곳을 오르기 위함이다. 어떤 경험이든 그것을 가치 있게 만드는 것은 바로 자기 자신의 몫이다.

이윤기와 김훈

아무리 작고 사소한 일이라도, 설령 그게 자신에게 도움이 되지 않는 일이라도 함부로 여겨선 안 된다. 보이지 않을 뿐이고 느끼지 못할 뿐이지 그때 겪었던 일들이 모두 다 인생의 밑

18

거름이 되어 그 몫을 톡톡히 한다. 소설가이자 번역가였던 고故 이윤기 선생은 저서 《어른의 학교》에서 이렇게 말한 바 있다.

책을 읽기는 하는데, 영화도 보기는 하는데 내용은 도무지 기억하지 못하겠다면서 자기 기억력을 안타까워하는 사람이 더러 있습니다. 나는 이런 사람들을 만날 때마다 묻고는 합니다. 콩나물이, 제가 자라면서 마신 물을 기억하겠냐고요. 물을 기억하지 못해서 콩나물이 자라지 못하더냐고요. 콩나물이라고 하는 것은 결국 콩이라는 씨앗의 소양 위에 이루어진 물의 퇴적이 아니겠느냐고요.

《칼의 노래》, 《현의 노래》를 쓴 소설가 김훈 역시 한 언론과의 대담에서 경험이 곧 자산임을 자신의 독특한 책 읽기 방식을 통해 우회적으로 밝힌 바 있다.

그는 평상시 문학책을 주로 읽지만 그 외에도 소방관 실무연습, 배관공이나 항해사 시험 관련 서적을 본다고 했다. 소설 창작과는 전혀 무관해 보이는 책들이다. 왜 그런 책들을 읽는 걸까? 그 책 나름대로의 유용성도 있지만 아마도 그는 다양한 경험과 지식을 축적하기 위해서였을 것이다. 지금 당장 소설 창작에 도움이 되는 책은 아니지만 언젠가 새로운 소설을 쓰고

자 할 때 그 책들은 뇌의 기억창고에서 나와 분명 단 한 줄이라도 도움이 될 것이다.

두 대가들의 생각의 교집합은 바로 '쓸모없는 경험은 없다'라는 것이다. 세상에는 경험하지 않고서는 절대도 깨닫지 못하는 것들이 많다. 그만큼 경험이 중요하고, 하찮고 사소한 일도 다 미래와 연결되어 있음을 간과해서는 안 된다. 세상 모든 경험들이 내게 가르침과 깨달음을 준다. 우리는 딱 그만큼 산다. 우리가 경험한 만큼 기회를 얻고 경험한 만큼 미래가 펼쳐지고 경험한 만큼 인생을 산다.

물론 새로운 경험이 늘 유쾌한 것만은 아니다. 때론 우리를 곤경에 빠뜨리기도 하고 아픈 상처가 되어 두고두고 고통을 주기도 한다. 하지만 결국은 우리가 한 단계 성숙하는 데 도움을 준다. 또한 그 시행착오를 통해 해야 할 것과 하지 말아야 할 것, 잘해낼 수 있는 것과 서툴고 어려운 것을 구분할 수 있는 판단 기준을 깨닫게 해준다.

스티브 잡스와 데일 카네기

스티브 잡스도 스탠퍼드 대학교 졸업식 연설에서 사소한 경험이 훗날 어떤 결과를 가져오는지에 대해 말했다.

그 당시 리드칼리지는 아마 미국 최고의 서체 교육을 제공했던 것 같습니다. 학교 곳곳에 붙어 있는 포스터, 서랍에 붙어 있는 상표들은 너무나 아름다웠고요. 그때 저는 세리프와 산세르프체를, 다른 글씨의 조합 간의 그 여백의 다양함을, 무엇이 타이포그래피를 위대하게 만드는지를 배웠습니다. 이 중 어느 하나도 제 인생에 실질적인 도움이 될 것 같지는 않았습니다. 그러나 10년 후 우리가 첫 번째 매킨토시를 구상할 때, 그것들은 고스란히 빛을 발했습니다. 우리가 설계한 매킨토시에 그 기능을 모두 집어넣었으니까요. 그것은 아름다운 서체를 가친 최초의 컴퓨터였습니다.

비록 지금은 작은 점에 불과하지만 찍어간 점들이 계속해서 연결되면 훗날 그 점들은 큰 역할을 하게 마련이다. 그러니 지금의 일을 소홀히 하거나 거부할 이유가 없다.

경영 컨설턴트인 카야노 카츠미는 《약자의 전략》에서 데일 카네기가 그토록 성공할 수 있었던 요인은 바로 젊은 시절에 겪었던 초라하기 짝이 없는 경험에 있었다고 말하고 있다.

그는 평범한 문화교실에서 말하기 강사를 했을 뿐이다. 게다가 경쟁이 치열한 도시에서는 직장을 구할 수 없어 강사

지망자가 적은 시골로 도망갔다. (…) 그러나 갈 곳이 없었던 데일 카네기는 좌절했던 배우 시절의 경험을 살려서 '열정적으로 말하는 방법'의 시범을 보일 때는 의자를 들어서 내려치기까지 해 박력 있는 강의라는 평판을 받았다. 여기에서 보듯 인생에서 쓸모없는 경험은 없다.

실제로 세계적인 베스트셀러인 《카네기 인간관계론》, 《카네기 행복론》의 저자이며 명강사였던 데일 카네기는 젊은 시절, 통신교육 교재 세일즈를 비롯해 여러 직업을 전전했다. 그러나 그다지 잘나가지는 못했다. 한때는 배우를 목표로 했지만 1년 만에 좌절을 맛봤다. 그러다가 교외의 작은 YMCA회관에서 학생을 가르치는 일을 하게 되었다. 만약 그가 배우생활을 하지 않았다면, 또 학생들을 가르치지 않았다면 최고의 성공학 강사가 될 수 있었을까? 그는 배우생활을 통해 강연의 스킬을 익혔고 학생들을 통해 가르침의 기쁨을 배운 것이다.

이렇듯 아무리 학교에서 열심히 배우고 책속의 명언을 줄줄 꿰고 있다 해도 경험보다 힘이 세진 못하다. 경험이 최고의 스승이다. 선생님이나 어른 혹은 선배들의 조언은 그저 방향을 제시해주고 최고의 선택을 하게끔 독려만 할 수 있을 뿐이다. 결국 믿을 건 내 경험의 질량이다. 경험이 다양하면 그만큼 선택과 결정의 상황 앞에서 덜 망설이게 된다. 그러나 경험이 부족하면 늘 불안하고 흔들린다. 우리는 쓸데없는, 혹은 쓸데없어 보이는 경험의 유용성과 가치에 대해 깨달아야 한다. 그것을 깨닫는 순간, 지금의 행동과 생각이 달라질 것이다.

2

나만의 비상구가
필요하다

———

행복의 한쪽 문이 닫히면
다른 쪽 문이 열린다.
그러나 흔히 우리는 닫힌 문을
오랫동안 보기 때문에
우리를 위해 열려 있는 다른 문은 보지 못한다.

_헬렌 켈러 Helen Keller

들려주고 싶은 이야기 1, 박완서

　메인스타디움. 태권도 시범이 끝나자 까만 반바지와 하얀 반팔티를 입은 한 꼬마가 운동장에 나타났다. 그 소년은 굴렁쇠를 굴리며 그 넓은 운동장을 가로질렀다. 10만 관중들은 혹시나 굴렁쇠가 쓰러지면 어쩌나 걱정스러운 마음으로 숨죽여 지켜봤다. 다행히 소년은 아무 탈 없이 굴렁쇠 굴리기 임무를 완수했다. 소년은 앙증맞은 표정을 지으며 관중들을 향해 손을 흔들었고 관중들은 박수와 환호를 아끼지 않았다.

　그렇게 1988년 지구인의 축제인 서울 올림픽이 개막되었다. 우리나라 구석구석은 온통 축제 분위기로 들썩거렸다. 한강의 기적에 이어 올림픽 개최까지 참으로 놀라운 일이었다. 이날만큼 행복하고 즐거운 날이 또 어디 있겠는가.

　그러나 차마 이 기쁨을 함께 누릴 수 없었던 한 여인이 있었다. 바로 소설가 박완서였다. 그녀에게 있어 1988년은 올림픽이 아니라 생의 최악의 해로 기억된다.

　그녀에게 무슨 일이 있었던 걸까.

　눈부신 벚꽃이 지천에 휘날리던 5월 어느 날, 안타까운 일이 벌어졌다. 남편이 폐암으로 세상과 이별한 것이다. 평생을 함께할 줄 알았던 반쪽을 이제는 다시 볼 수 없다는 생각에 그녀의 일상은 뒤틀렸다. 한 달이 지나고 두 달이 지났지만 허전하고 외로운 마음을 추스를 수가 없었다. 그런데 그 아픔은 더 큰 아픔으로 이어졌다.

8월 여름날, 서울대학교병원에서 의사로 근무하던 하나밖에 없는 아들이 교통사고를 당했다. 아들은 하루아침에 그녀의 곁을 떠났다. 사랑하는 사람을 그것도 두 명씩이나 한꺼번에 잃은 고통을 그 누가 알겠는가.

그 어떤 위로도, 그것이 아무리 조심스럽게 다가오더라도 그녀의 귀에는 들리지 않았다. 홀로 남겨진 삶은 고문과도 같았다. 아무리 큰 죄를 지었다 한들 이처럼 가혹한 형벌이 또 어디 있겠는가.

그 일이 있은 후, 그녀는 수녀원에서 몇 개월, 미국에서 몇 개월의 시간을 보냈다. 그리고 놀랍게도 6개월 만에 한 신문사에 '그대 아직도 꿈꾸고 있는가'라는 제목의 장편소설을 연재하기 시작했다. 지독한 아픔과 상처를 홀홀 털어낸 것이다.

들려주고 싶은 이야기 2, 술이 깨면 집으로 가자

일본 영화 〈술이 깨면 집으로 가자〉. 주인공인 중년의 남자는 무척 외롭고 아프고 슬프다. 아내가 두 아이를 데리고 그의 곁을 떠났다. 아내가 그런 결정을 내린 건 전적으로 남자 탓이었다. 남자는 '알콜중독자'였다. 아무리 술에 미쳤다고 해도 이 정도일 수는 없다. 피를 토하면서까지 술을 찾았고, 만취 상태가 되어 응급실을 찾는 것도 거의 일상이었다.

결국 남자는 알콜의존증 치료 병동에 입실하게 된다. 병동에서는 일절 술을 입에 댈 수 없기에 남자는 금단현상으로 괴로워했다. 어느 날, 거울 속 망가져버린 자신을 보자 깊은 한숨이 나왔다.

'내가 왜 이렇게까지 무너진 걸까.'

많이 무너진 사람일수록 쉽게 일어나는 법을 안다고 했던가. 그는 인생의 재기를 꿈꿨다. 반드시 그래야 하는 분명한 이유가 있다. 그건 바로 가족의 품으로 돌아가는 것. 그러나 지금 당장 흐트러진 마음을 추스를 수 있는 묘법은 없었다.

그러던 중 남자에게 지금의 고통을 잊게 할 만한 대상이 등장했다. 바로 '카레'였다. 남자는 카레를 무척 좋아했다. 그런데 남자는 카레를 먹지 못한다. 위장이 심하게 손상된 상태라 의사가 카레를 먹지 말라고 처방한 것이다. 그때부터 남자의 관심사는 술이 아니라 카레로 바뀌었다.

"나도 카레가 먹고 싶단 말이야! 나에게도 카레를 달란 말이야!"

남자는 점점 카레에 집착하게 됐다.

"두고 봐. 건강해져서 기필코 카레를 먹고 말 거야."

우여곡절 끝에 남자는 카레를 한 입 먹게 된다. 카레가 입안으로 들어오는 그 순간, 남자는 온몸을 부르르 떨며 짜릿한 행복감을 느꼈다. 이 작고 사소한 기쁨이 남자를 다시 살게끔 한 것이다.

과연 남자는 집으로 돌아갈 수 있을까? 결론은 궁금증으로 남겨두고 영화의 이야기는 여기까지만 하겠다.

나를 구원해줄 수 있는 그것

살다 보면 간혹 마음 안에 짙은 그늘이 드리울 때가 있다. 이미 져서 땅 위를 뒹구는 낙엽만 봐도 짠한 마음이 들고 사는 게 재미가 없고 무기력하고 괜히 눈물이 난다. 아무것도 아닌 일에 짜증이 나거나 화가 나기도 한다.

이처럼 별것 아닌 일에도 삶이 흔들릴 때가 있는데 고난이나 역경의 상황을 맞은 그 삶은, 그 마음은 오죽하겠는가. 마음이 심하게 흔들리고 순식간에 바닥으로 곤두박질친다. 마음속 수많은 감정들이 우울이라는 그 몹쓸 감정에게 백기를 들고 투항을 하고 만다. 그 우울한 기운은 사람을 주저앉히고 심지어는 극단적인 상황까지 몰고 간다.

다시 앞의 이야기를 보자. 한꺼번에 사랑하는 두 사람을 잃어버린 박완서. 그에게 만약 글이 없었다면 어땠을까. 아마도 그 고통의 시간은 오래 지속되었을 것이다. 어쩌면 그 고통을 극복하지 못하고 본인도 그 고통과 맞물려 어디론가 사라졌을지도 모른다. 그러나 정말 다행스러운 건 그녀에겐 고통을 대신할 만한 대체재, 즉 글쓰기가 있었다는 점이다.

무언가에 미칠 수 있다는 것, 정말로 좋아하고 집중할 수 있는 일이 있다는 것, 그건 분명 하늘이 내려주신 축복이다. 소설가인 전상국 작가 역시 《소설 창작 강의》에서 이런 말을 남겼다.

소설을 쓰지 않으면 안 된다는 강박감, 그러나 내게 그런 재주가 많지 않다는 절망감, 구상하는 과정의 소화불량까지 동반하는 그 고통. 그리고 엄청난 체력의 소모전이 되는 집필의 그 노동까지도 '쓰는 즐거움'을 포기하게 할 수는 없었던 것이다. 쓰는 일에 미친다는 것이 바로 그렇다는 얘기다. (…) 자신이 하고 싶은 일을 할 수 있는 것, 그것은 일종의 구원이다. 소설 쓰는 일이 나를 구원했다. 다른 어떤 일보다 소설 쓰는 일이 나를 즐겁게 했던 것이다. 등단한 즉시 소설 쓰는 일을 하지 못한 그 10년 세월을 통해 나는 그것을 터득했다.

박완서나 전상국에겐 그 어떤 손길보다 글쓰기가 강력한 구원의 손길이었고 삶의 동기부여였다. 알콜중독인 중년 남자도 마찬가지다. 술독에 빠져 자칫 절망적인 삶에서 헤어나지 못할 뻔했지만 다행스럽게도 카레가 그를 구원했다. 그에게 있어 카레는 희망이었고 가족에 대한 그리움이었고 절망의 늪에서 빠져나올 수 있는 유일한 끈이었다.

나만을 위한 이기적인 시간

다행스럽게도 그들에게는 인생의 비상구가 있었다. 건물을 지을 때 출입할 수 있는 문 말고도 비상구를 만들어놓는다. 비상구가 안전을 위한 필수조건이듯 인생에도 비상구가 꼭 필요하다. 가슴이 철렁 내려앉는 일이 발생할 때, 높은 벽에 부딪혀 사는 게 막막할 때, 더 이상 떨어질 곳이 없는 가장 밑바닥으로 추락했을 때 인생을 다시 회생시킬 수 있는 나만의 비상구 하나쯤은 미리 마련해둬야 한다. 비상구가 없다면 어떻게 그 삶을 버티겠는가.

음악 평론가 이현석은 저서 《듣고 쓴 이럴 때 이런 음악》을 통해 답답하고 지루한 일상을 버틸 수 있었던 자기만의 비상구를 소개했다.

일산에 살 때 나의 출근길은 마두역에서 종로5가역까지였다. 게으른 나로서는 1시간이 넘게 지하철을 탄다는 것 자체가 지긋지긋한 일이었다. 게다가 일산에서 종로5가까지 한 번에 가는 것도 아니었다. 종로3가에서 1호선 전철로 갈아타야 하는 번거로움이 있었던 것이다.

출근길 내내 밀리고 치이고 신음하면서 지하철을 타고 갔던 기억, 그래도 음악이 있어 견딜 수 있었다. 그때도 그렇지만 지금도 음악은 출퇴근길에서 나를 위하고 나를 즐겁게 해준다.

나에겐 언제든지 탈출할 수 있는 비상구가 있는가? 모든 문이 닫혀 있다 해도 비상구 하나만 열려 있다면 내일로 걸어갈 수 있다. 그렇기에 나를 지탱해줄 수 있는 것 하나는 반드시 만들어놔야 한다.

그렇다고 그게 과연 뭘까, 있기나 할까 하며 너무 깊게 생각할 필요는 없다. 좋은 친구를 갖는 것일 수도 있고 주기적으로 바다나 산을 찾는 것도 괜찮다. 탁구나 당구, 낚시나 자전거 타기도 좋은 방법이다. 아니면 서점 구석에 앉아 톨스토이나 공자, 맹자 등의 고전에 빠지는 것도 좋다.

그 어떤 것도 비상구가 될 수 있다. 다만 당신이 정말로 좋아하고 행복해하는 것이어야 한다. 그렇기에 우리에겐 오직 나 자신만을 위한 이기적인 시간이 꼭 필요하다.

3

고통이 함께
걷자고 할 때

―

위대한 사상은 커다란 고통이라는
밭을 갈아서 이루어진다.
갈지 않고 그냥 둔 밭은 잡초만이 무성할 뿐이다.
사람도 고통을 겪지 않고서는
언제까지나 평범함과 천박함에서 벗어나지 못한다.
모든 고통은 차라리 인생의 벗이다.

_카를 힐티Carl Hilty

파이에게 혹은 나에게 일어날 일

만일 내 나이가 열여섯이라면 과연 지금 무엇을 할 수 있을까? 그 나이에 혼자서 할 수 있는 일이란 극히 적다. 아직도 부모의 품에서 보호와 관심을 받아야 할 나이다. 선생님의 가르침을 받아야 하고 세상에 홀로 서기엔 두려운 나이다. 꿈을 품고 세상에 대한 호기심은 한참 충만하지만 막상 뭔가를 결정하기엔 자신감도 없고 불완전한 시기다.

그런데 열여섯 살 '파이'는 달랐다. 그 소년은 세상의 짐과 무게를 홀로 다 짊어져야 했다. 상처와 고독, 두려움 그리고 한 치 앞도 내다볼 수 없는 칠흑 같은 미래와 맞서야 했다. 파이에게 과연 무슨 일이 일어났던 걸까.

파이의 아버지는 인도에서 동물원을 운영했다. 그런데 경영난에 허덕이면서 그 일을 접게 된다. 이후 캐나다로의 이민을 결심했다. 가족들과 동물들을 태운 화물선은 태평양 한가운데로 항해했다.

그러던 어느 날, 거친 폭풍우를 만나게 된다. 성난 파도 앞에서 인간은 나약한 존재에 불과했다. 화물선은 난파되었고 가족들은 모두 목숨을 잃게 되었다. 유일한 생존자는 열여섯 살 소년, 파이뿐이었다.

"이럴 거면 나도 함께 데려가지 왜 나만 홀로 남겨둔 거야!"

구명보트 위에 홀로 남겨진 파이에겐 살아남았다는 것 자체가 고통이었다. 그런데 고통은 그것으로 끝난 게 아니었다. 구명보트 안에는 다른 생명체들도 있었다. 오랑우탄, 얼룩말, 하이에나 그리고 호랑이. 배고픈 하이에나는 순식간에 얼룩말과 오랑우탄을 잡아먹었다. 그러나 하이에나도 결국 배고픈 호랑이의 밥이 되고 만다.

구명보트 위에 남은 생명체는 이제 파이와 호랑이뿐. 가족을 잃은 슬픔에 빠져 있을 여유가 없었다. 자칫 정신을 잃었다간 호랑이의 밥이 될 상황이다.

"가까이 오지 마! 저리 가란 말이야!"

파이는 이 어쩔 수 없는 현실을 받아들였다. 살아남기 위해 필사적으로 저항했고 방법을 모색했다. 물고기를 잡아 먼저 호랑이부터 챙겼다. 또한 호랑이가 접근하면 고함을 치거나 보트를 흔들어 저지했다. 그리고 호루라기를 불며 호랑이를 길들여 나갔다. 그렇게 바다를 표류하며 구명보트 위에서 호랑이와 무려 8개월이란 시간을 보냈다. 그리고 마침내 기적적인 일이 일어났다. 구명보트는 멕시코 해안에 닿았고 파이는 사람들에게 구조됐다. 호랑이는 숲속으로 사라졌다. 이제야 파이는 그 고독하고 지독한 고통 속에서 벗어날 수 있었다.

거대한 괴물 같은 인생 앞에 홀로 남겨진 소년의 처절한 생존기를 다룬 이 이야기는 얀 마텔의 소설 《파이 이야기》다.

피할 수 없는 인생의 쓰나미들

소설 속 파이의 삶은 고통에 대해 성찰하게 한다. 우리 삶을 냉정하게 관찰해보면 사실 그리 녹록한 게 아니라는 것을 알 수 있다. 우울하게 들릴 수 있지만 사실 우리 삶의 대부분은 고통과 함께 톱니바퀴처럼 맞물려 돌아가고 있다.

당신이 겪었던 지난 일주일 동안의 일들만 봐도 알 수 있다. 빙판길에 넘어지는 바람에 발목에 금이 갔다. 건강하시던 친구 아버지가 갑자기 심장마비로 유명을 달리했다. 퇴근 후 오랜만에 친구들과 즐거운 시간을 보낼 참이었는데 오후에 급한 업무가 떨어져 야근을 해야 했다. 보기만 해도 구역질이 날 것 같은 상사와 엘리베이터 안에 단 둘이 남게 되었다. 한동안 잠잠했던 위산이 올라와 밤새 가슴 통증에 시달렸다. 마지막 사랑이라 생각했는데 결국 이별 통보를 받았다. 의사로부터 충격적인 건강검진 결과를 들었다. 평생직장이라 생각했는데 퇴직을 권고받았다. 어디 이뿐인가! 삶의 고통을 나열하면 지구 몇 바퀴를 돌아도 끝나지 않는다.

이처럼 삶의 여정에서 우리는 그 누구도 예외 없이 고통을 주는 장애물과 맞닥뜨리게 된다. 숨 돌릴 틈도 없이 계속해서 오는 경우도 있고 일정한 간격으로 오는 경우도 있다.

작가 장원철 역시《인생에 힘이 되는 지혜와 통찰》에서 고통은 참으로 빈번하게 찾아온다고 말하고 있다.

우리는 생활 속에서 많은 고통거리와 마주친다. 실연의 고통, 이별의 고통, 배신에 따른 고통, 경쟁에 따른 고통, 실패에 따른 고통, 병마에 시달리는 고통 등이 하루에도 몇 번씩 우리 삶을 괴롭히곤 한다. 이렇듯 고통은 편재해 있고 고통의 순간을 겪지 않고 살아가는 사람은 없는 법이다. 고통 중에는 견딜 만한 것도 있지만 너무 힘들어서 다시는 웃을 수 없을 것 같은 고통도 있다. 행복은 나눌수록 커지고 고통은 나눌수록 줄어든다고 하지만 고통 속에서 느끼는 괴로움 그 자체는 오롯이 당사자만의 몫으로 남는다. 아무도 그것을 같은 부피로 느껴주기는 힘든 것이다.

물론 고통 없이 평화로운 한때를 보내는 사람도 있다. 행복한 날, 즐거운 날, 웃는 날도 있다. 그러나 그건 가끔이다. 또한 그리 오래가지 못한다. 몇 분 후, 전혀 예상치도 못한 고통의 쓰나미가 들이닥칠 수 있다. 그렇다. 받아들이고 싶지는 않지만 삶은 고통의 연속이다. 엄연한 현실이다. 고통을 제외하곤 삶을 논할 수 없다. 사람에 따라 고통의 질과 양이 조금 다를 뿐 그 누구도 고통으로부터 자유롭다 할 수 없다.

고통과 만났을 때 취해야 할 자세

아무리 저항해도, 거부해도, 도망가도 끝끝내 달라붙는 고통. 그 고통 앞에서 우리가 할 수 있는 건 다른 게 없다. 그것을 받아들이는 마음가짐뿐.

"왜 하필이면 이런 게 나한테 왔어."

"아니, 난 지금 고통스럽지 않아."

"내 인생은 이제 다 끝났어. 회복 불가능이야."

이렇듯 다가온 고통을 애써 외면하거나 혹은 고통에 굴복한다면 결국 남는 건 절망의 괴로움뿐일 것이다. 맞서 싸우기도 힘든 상황에 스스로 절망의 괴로움까지 불러들일 필요는 없지 않은가. 소흥렬 교수는 《철학적 운문》에서 고통을 거부하지 말고 오히려 고통을 과감히 껴안으라고 말하고 있다.

고통을 씹자. 고통을 피하지 말자. 자신을 속이면서 고통을 느끼지 않는 것처럼 태연하지 말자. 분개하자. 원망하자. 증오하자. 저주하자. 쉽게 용서하지 말자. 약해지지 말자. 쉽게 초연하지 말자. 착해지지 말자. 고통을 피하지 말자. 고통의 신맛이 단맛이 될 때까지 고통을 씹자.

현실을 받아들이지 못한다면 그 현실을 이겨낼 힘조차 생기지 않는다. 고통을 극복한답시고 '고통아, 어디 있니? 내가 갈게' 하며 고통을 일부러 찾아다녀서는 안 될 일이지만, 그렇다고 엄연한 현실인 고통을 외면해서도 안 된다. 오직 인생의 전제로서 고통은 피할 수 없고 벗어날 수 없다는 사실을 인정해야만 한다. 고통을 이기기 위해서는 역설적이지만 다가온 고통의 한가운데로 들어가야 한다. 이미 벌어진 일에 대해 미련을 갖거나 한숨짓지 말고 차라리 고통에 집중하는 게 현명하다. 고통은 누구에게나 일어나는 아주 자연스러운 삶의 일부다.

당신 앞에서 으르렁거리는 호랑이

당신도 어느 날 갑자기 막다른 골목에서 성난 호랑이를 만날지 모른다. 그때는 기억하자. 한탄과 넋두리는 고통을 극복한 후에 해도 늦지 않다는 것을. 일단은 호랑이를 현실로 받아들

여야 한다. 호랑이에 집중해야 한다. 그래야 살아남을 수 있다.

많은 사람들이 자신의 힘으로 어찌할 수 없는 고통 속에서도 삶의 의미와 희망을 찾아냈다는 사실을 잊지 말자. 고통을 끌어안으면 고통을 극복할 수 있는 힘을 발견할 수 있을 것이다.

다음은 안상헌의 《홍크》에 나오는 기러기 두 마리의 대화다. 주의 깊게 들어보자.

■ "네. 정말 그래요. 날갯짓 연습하는 것이 너무 힘들어서 과연 내가 날 수 있을까 하는 걱정을 수도 없이 했어요. 포기해버릴까 하는 생각도 했고요. 하지만 어떻게 하다 보니 지금처럼 날 수 있게 되었죠. 지금 생각해보면 참 신기해요."

"우리 삶의 모든 것이 그렇단다. 순간은 힘들지만 그 순간이 지나고 새로운 단계로 나아가버리면 순간은 추억이 되고 의미가 되어 우리가 살아가는 데 밑거름이 되어준단다. 의미 없는 순간이란 없다고 봐야 해. 단지 노력을 하는 정도에 따라 그 의미의 가치가 조금씩 달라질 뿐"

4
나에게서 내가
보이지 않을 때

힘들면 힘들다고 말하세요.

아프면 아프다고 말하세요.

무조건 참기만 하면 병 생겨요.

말하는 순간, 현재 상황을 있는 그대로 인정하게 되고,

상대가 그 상황을 인지하게 되면서 해결 방안이 나와요

_혜민

자신의 팔을 자른 남자

월터라는 남자가 있었다. 그는 장난감 회사의 CEO다. 그런데 현재 그는 우울증을 앓고 있다. 시도 때도 없이 잠에 취해 있고 그나마 눈을 뜨고 있는 동안은 무기력증에 시달렸다. 그 우울증의 원인은 아마도 회사 경영에서 오는 스트레스 때문인 듯했다.

어느 날, 그는 직원들에게 넋두리 같은 고백을 했다.

"난 그저 아들이기 때문에 이 회사를 물려받았어. 이 회사 안에는 나보다 능력이 뛰어난 사람이 많아. 그 사람이 나보다 더 높은 자리에 있어야 하는데……."

우울증은 점점 심해졌고 끝내 자살이라는 극단적인 선택에까지 이른다. 다행히 자살은 실패했지만 그의 인생은 엉망이 되고 말았다.

어느 날 그는 우연히 쓰레기통에서 팔을 끼워 가지고 노는 비버인형을 발견한다. 그날 이후 그는 내적 자아는 철저히 숨긴 채 복화술로 비버인형을 통해 세상과 소통했다. 회사 직원들과 대화할 때도, 가족들과 대화할 때도 그는 비버인형의 입을 빌려 말을 했다. 비버인형 덕분에 우울증도 어느 정도 극복됐고 일도 잘 풀리기 시작했다.

그런데 문제가 생겼다. 지나치게 비버인형에 의존하다 보니 월터는 자신의 본래 모습을 잃게 되었다. 처음에는 월터의 비버 인형이 신기했지만 월터가 인형에 집착하면 할수록 사람들은 점점 그를 이상한 사람으로 여기게 되었다. 급기야 가족들까지도 그의 행동을 이해할 수 없게 되었다.

"도대체 내가 왜 이러지? 왜 멈출 수가 없는 거지?"

월터 자신도 비버인형에게 자신의 삶을 빼앗긴 것을 견딜 수 없었다.

"멈춰야 해! 이제는 멈춰야 해!"

그는 결심이라도 한 듯 비장한 표정을 지으며 비버인형을 잘라냈다. 자신의 팔을 자른 것이다.

이 이야기는 영화 〈비버〉의 대략적인 줄거리다. 영화는 우울증을 앓고 있는 한 남자의 새 삶을 찾기 위한 처절한 몸부림을 유쾌하지만 진지하게 풀어내고 있다.

지금의 삶은 진짜인가, 가짜인가

이 영화에서 놓쳐서는 안 될 포인트가 하나 있다. '진짜 나', '진짜 삶'에 대한 고찰이다.

월터 외에 주목할 인물이 있는데 바로 그의 아들 포터다. 포터는 아버지의 이중적이며 분열된 자아를 받아들이지 못한다. 그러나 정작 포터 자신도 가짜 삶을 살고 있었다. 학교에서 친구들의 리포트를 대필해주며 살고 있었던 것이다.

월터와 포터만이 가짜의 삶을 살고 있는 걸까?

어쩌면 우리 모두도 자신의 원래 모습은 온데간데없고 가면을 쓴 채 가짜의 삶을 살고 있는지 모른다. 당신도 혹시 거울 속 자신의 모습이 낯설게 느껴진 적이 있는가? 지쳐 있는 자신을 한참 동안 안쓰럽게 바라본 적이 있는가? 지금 내가 왜 이렇게 됐을까 하는 후회 속에서 눈물 흘린 적 있는가? 심지어나 자신에게 침을 뱉고 싶었던 적은 없는가?

만약 그런 경우라면 거울 속에 비친 당신은 진짜 당신이 아닐 수 있다.

많은 사람들이 점점 자신을 잃어가며 살고 있다. 사회적 얼굴로 살아가기 위해 자신의 본 모습을 감추다가 결국 잃어버린 채 살고 있는 것이다. 체면과 책임과 생존과 명예를 위해 내 몸에 맞지 않는 옷을 입고 거짓과 가식의 가면을 쓴 채 말이다.

정신과 전문의 정혜신 박사와 그녀의 영감자인 심리기획자 이명수 대표는 《홀가분》에서 이렇게 말한 바 있다.

■ 사회적 얼굴로 인정받기 위해 자신을 왜곡하는 일을 멈출

때, 나와 나 아닌 것을 제대로 구별하여 타인이 나를 어떻게 생각하든 자기 자신에 대한 확신을 가질 때, 비로소 나의 결대로 온전하고 홀가분하게 설 수 있다. 자신의 불완전성을 명료하게 의식하면서도 현재의 나를 보듬고 다독이는 자기 존재의 긍정성을 믿는다면 그것이 건강한 자기 존중이며 바로 능력이다. 세상에서 가장 먼저 만나서 가장 사랑할 사람은 '나'이다.

잃어버린 나를 찾아서

우리는 지금 이 시점에서 진짜 나, 진짜 내 삶을 찾을 필요가 있다. 더 늦어지면 영영 원래의 모습이 사라질지도 모르기 때문이다.

우리는 너무나 빠른 속도로 달려왔다. 이제 잠시 멈추고 지난날을 되돌아봐야 한다. 채워야 할 것보다 잃어버린 것에 대해 점검할 시간이 필요하다. 올라갈 때는 보이지 않던 꽃이 멈춰 서면 비로소 보이는 것처럼 잠시 가속페달에서 발을 떼고 브레이크를 밟자.

내가 진짜 원했던 꿈, 나라는 사람이 원래 갖고 있던 성격과 성품, 아직도 발휘하지 못한 능력이 무엇인지 하나하나 가슴

45

속을 들여다보자. 성공도 좋고 부자도 좋지만 내 정체성에 대해 묻고 탐구하는 게 선결되어야 한다.

물론 나를 안다는 건 어려운 일이다. 정신과 전문의 김정수 박사는 《나는 누구인가 나는 무엇인가》에서 이런 문장을 남겼다.

잃어버린 나를 찾는 것은 내면에 존재하는 또 다른 나를 알아차리는 것으로 자기를 자각하는 것이다. 자기는 타인과 구별되는 존재이며 나의 생각과 의식을 넘어서는 존재이며 살아 있는 생명체 전체를 의미한다. 그러므로 자기는 심오하고 광활하며 그 실체를 분명히 알기 어려운 미지의 존재이기도 하다.

나를 안다는 건 바다 속 심연에서 작은 조개 하나를 찾는 것만큼이나 어려운 일이다. 나라는 존재, 이 얼마나 심오하고 복잡한 문제인가. 그럼에도 불구하고 우리는 내 정체성에 대해 알아야 한다. 내가 누구인가 아는 것이야말로 모든 이치와 가치를 인식하는 시작점이기 때문이다.

부단한 노력과 철학적인 시간

　나를 알아가기 위해선 부단한 노력과 철학적인 시간이 필요하다. 일단 스스로에게 몇 가지 질문을 던지고 그 질문에 답을 해보자. 그런 과정 속에서 분명 우리는 진짜 나, 진짜 삶이 무엇인지 깨닫게 될 것이다.

- 내 안 있는 나는 누구인가?
- 내가 행복할 수 있는 일은 무엇인가?
- 내가 가장 잘할 수 있는 일은 무엇인가?
- 지금의 내 모습을 내가 인정할 수 있는가?
- 절대로 변하지 말아야 할 것이 무엇인가?

　세계적인 석학 전혜성 박사도 《여자야망사전》에서 나를 알아가는 철학적 시간을 가져야 함을 강조하고 있다.

　나에게 '나는 누구인가'라는 고민은 아직도 현재진행형이다. 미국에서 오랫동안 살아온 한국인으로, 지구상의 반 이상인 여성으로, 더 나은 세계를 목격하고픈 세계시민으로 자리매김하기 위해 나는 평생을 노력해왔다.

팔순을 바라보는 이 나이에도 매일 아침 '나는 과연 누구인가'를 되묻는다. 오랫동안의 이국 생활이 나로 하여금 이런 질문에 익숙하게 만든 것이 사실이지만, 사실 어디에 사느냐에 상관없이 누구에게나 필요한 질문이 아닐까 싶다.

삶의 주인은 바로 나다. 내 안의 진짜 나를 발견하지 못하면 분수를 지키지 못하고 허황된 모습으로 살게 된다. 철학자 니체는 "자신을 아는 자는 세상에서 못 해낼 일이 없다"고 말한 바 있다. 자신을 안다는 것, 진짜 나로 산다는 것, 진짜 삶을 산다는 건 그만큼 나 자신에게 믿음과 자신감, 열정이 있다는 것을 뜻한다. 끊임없이 걸어왔던 길을 되돌아보고 저 먼 곳을 바라보며 나 자신을 곧게 세울 때 분명 당신은 오늘보다 내일이 더 기대되는 사람으로 성장할 것이다.

5

행운, 나를 믿을 때
다가오는 축복

어려운 일에서 성공하려면
자신을 굳게 믿어야 한다.
이것이 탁월한 재능을 지닌 사람보다
재능은 평범하지만 강한 투지를 가진 사람이
훨씬 더 성공하는 이유다.

_소피아 로렌 Sophia Loren

천문학적인 경매가, 고흐의 작품

■ 나는 초강력 자석이다. 내가 끊임없이 발산하는 생각, 감정, 상상에 따라 열망하는 모든 것을 나 자신에게 끌어당길 수 있다. 나는 내 우주의 중심이다! 원하는 모든 것을 창조할 수 있는 힘을 가지고 있다. 발산하면 흡수하게 돼 있다. 즉 마음속으로 선택하고 이루겠다고 마음먹은 모든 것을 내게 로 끌어들일 수 있다. 그래서 나는 가장 값있는 것, 그러니 까 건강과 성공, 행복을 선택했다. 그러므로 이제 모든 인류 와 나 자신을 위해 풍성한 수확을 거두게 될 것이다.

이 문장은 목사이며 베스트셀러 작가인 캐서린 폰더의 《부 의 법칙》에 나오는 선언문이다. 그는 이 선언문을 통해 마음의 긍정, 자기믿음을 강조하고 있다.

실제로 긍정과 자기믿음이 인생에 미치는 영향은 지대하다. 불우한 삶을 살았지만 미술계에 엄청난 업적을 남긴 한 예술가 도 늘 마음속에 긍정과 자기믿음을 품고 있었다.

1990년 뉴욕의 크리스티 경매장에서 한 미술작품이 천문학 적인 경매가에 낙찰되었다. 〈의사 가셰의 초상〉이라는 작품으 로 그 당시 최고 경매가인 8250만 달러(약 1000억 원)에 팔렸다. 그 작품 속에 등장하는 '가셰'라는 의사는 이 그림을 그린 화가의 정신과 주치의였다. 또한 이 작품은 화가가 죽기 직전에 남긴 것이었다.

미술에 조금이라도 관심이 있다면 이 화가가 누구인지 금방 알아차렸을 것이다. 바로 '빈센트 반 고흐'다. 〈해바라기〉, 〈감자 먹는 사람들〉 등 위대한 작품을 남겨 미술사에 한 획을 그은 그였지만 당시 그의 생활은 궁핍하고 비참하기 짝이 없었다.

그는 유독 자화상을 많이 남겼는데 그 이유는 모델을 기용할 만큼 주머니 사정이 좋지 않았기 때문이다. 사후에야 그의 위대함을 인정받았지만 생전에는 동생 테오의 도움으로 가까스로 연명했고 늘 가난과 허무 속에서 하루하루를 지내야 했다. 자신의 이름을 내건 전시회는커녕 900여 점의 그림 중에 단 한 점밖에 팔지 못했다.

모든 예술가들이 그렇겠지만 자신의 작품을 알아주는 이 하나 없고 누군가에게 인정받지 못한다는 건 참으로 비참하고 고통스러운 일이다. 고흐도 그랬을 게 분명하다. 가난보다 오히려 세상 사람들의 무관심과 외면이 그를 더욱 주눅 들게 하고 깊은 절망과 상실감에 빠지게 했을 것이다.

그러나 퍽 다행스러운 건 그는 고집스러울 만큼 자기 자신에 대한 믿음이 강했다. 자신의 귀를 자르고 머리 위에 촛불을

켠 채 그림을 그리는 등 기이한 행동으로 동네 사람들로부터 미치광이라고 손가락질을 당했어도 그는 흔들리지 않았다. 다른 사람들을 신경쓰면서 내가 어떻게 처신해야 할지, 어떤 감정을 가져야 할지에 대해 많은 시간을 허비하지 않았다. 그럴 시간에 더더욱 작업에 몰두했다.

"그래. 반드시! 언젠가는! 그렇게 될 거야. 내 그림이 물감 값 이상의 가격으로 팔릴 날이 올 거야! 생전이든 사후든 꼭!"

그가 불우한 환경에서도 끝까지 작업을 이어갈 수 있었던 건 그림에 대한 자긍심이었다. 만약 고흐에게 강력한 자기믿음이 없었다면 우리를 경탄케 하는 그의 위대한 작품은 존재하지 못했을 것이다.

자기의심과 자기믿음, 그 선택의 기로

누구나 가슴속엔 이루고 싶은 것들을 가지고 있다. 그것을 이뤄내는 사람이 있는가 하면 이루지 못하는 사람도 있다. 사는 동안 자신이 품었던 뜻을 이룬다면 얼마나 멋지고 행복한 일일까.

분명 당신도 이루고 싶은 꿈 혹은 목표가 있을 것이다. 성공을 꿈꿀 것이다. 그것을 이루기 위해선 노력해야 하고 실력도 갖춰야 하고 철저하게 준비도 해야 한다. 이러한 필수적인 요소도 중요하지만 이러한 것들보다 먼저 전제되어야 할 게 마음의 선택이다.

세계적인 동기부여 권위자인 로빈 시거는 《타고난 승리자들》에서 성공과 실패를 결정짓는 마음의 선택에 대해 이렇게 말했다.

개인적 탐색을 시작할 때 '내가 성공할지 어떻게 확신할 수 있지?'라고 묻는 것은 너무나 당연하다. 즉 당신은 성공할 것을 100퍼센트 확신하지 못한다는 것이다. 당신은 이와 똑같은 방식으로 자신에게 물을 수 있다. '내가 실패할지 어떻게 확신할 수 있지?'

인생에서 확실함은 없다. 실패와 성공은 모두 마음에서 자리 잡은 생각들의 결과다. 이것은 당신이 믿기로 선택한 것이며, 당신의 지배적이고 결정적인 생각이 될 것이다. 그리고 이를 향해 나아가게 될 것이다.

이 세상의 이치가 음이 있으면 양이 있듯 마음속에도 자기믿음과 자기의심이 뒤섞여 공존한다. 어떤 상황에서 어떤 마음을 선택하느냐는 온전히 선택자의 몫이다.

나는 대단한 행운아다

우리는 어떤 마음을 선택할 것인가? 당연히 '자기믿음'일 것이다. 나는 할 수 있다는 믿음, 내 능력은 그 누구보다도 뛰어나다는 믿음, 쓰러져도 다시 일어날 수 있을 거라는 믿음. 그러한 믿음은 힘들고 고달픈 하루하루를 버텨내고 꿈과 목표를 향해 한걸음 더 가까이 다가갈 수 있게 한다.

우리의 삶은 우리가 믿고 기대하는 방향으로 움직인다. 극복이 불가능해 보이는 어려운 난관에 부딪혀도 자기믿음이 있으면 그것을 헤쳐 나갈 방법과 이유를 만들게 된다.

혈기왕성한 경영대학원 학생들과의 대화를 수록한 《주식투자 콘서트》와 한 언론과의 인터뷰에서 워런 버핏은 자기믿음의 힘을 이렇게 강조했다.

어떻게 이 위치에 오를 수 있었느냐고 많이들 질문하는데 저는 당연하다고 생각합니다. 저는 아주 오래 전부터 분명 부자가 될 거라는 사실을 알고 있었습니다. 저는 이 사실을 단 한 번도 의심하거나 포기한 적이 없습니다. 사람은 믿는 만큼 그렇게 되니까요.

투자 종목의 선택에도 그 나름의 원칙과 믿음이 있었다.

　아무리 엄청나게 주가가 급등하는 종목이라도 저는 그 종목에 투자하지 않습니다. 제 판단에 그 종목이 주가 상승의 정당한 이유가 있어야만 투자를 합니다. 잘 알지 못하는 종목에는 결코 투자하는 일이 없습니다. 아는 것만 투자하는 것, 그게 저를 투자의 귀재로 만들었습니다. 부자가 되고 싶다면 이 원칙을 반드시 지키기 바랍니다.

자기믿음이 강한 사람들은 자칫 거만하다는 평을 듣기도 한다. 하지만 자기믿음에는 그런 부정적인 측면보다 긍정적인 게 훨씬 많다. 굳이 타인들의 시선을 의식해 자기의심으로 나 자신을 나의 적으로 만들 필요가 있을까.

오늘부터 작은 변화를 시도해보자. 마법사가 주문을 외우면 기적 같은 일이 벌어지듯 이렇게 주문을 외워보자. 그 주문의 시작이 새로운 인생의 출발점이 될 것이다.

1. 나는 아주 큰 행운아다.
2. 나는 내 판단을 믿고 인내할 것이다.
3. 나는 내 뜻을 이룰 것이고 이루어졌다고 확신한다.

6

있는 그대로,
민낯을 드러낼 용기

———

인생의 진정한 비극은
우리가 충분한 강점을
갖고 있지 않다는 데 있지 않고
오히려 작은 약점에
끌려 다닌다는 데 있다.

_벤저민 프랭클린Benjamin Franklin

약점을 드러내는 용기

본인 스스로 약점을 드러낸다는 건 쉬운 일이 아니다. 경쟁
사회에서 살아남기 위해서는 자신의 강점을 적극적으로 알려
도 부족한 판에 굳이 약점을 드러낼 이유는 없다. 그래서 사람
들은 약점을 들키지 않으려고 무지하게 애를 쓴다. 그러나 약
점을 드러내는 게 꼭 불리한 것만은 아니다.

개그 프로그램인 〈개그콘서트〉에 인기코너가 있었다. 바로
'네가지'다.

이 코너에 대해 잠시 소개하자면 네 명의 개그맨이 등장하
는데 하나같이 완벽하지 못하다. 키가 작은 한 명, 뚱뚱한 한
명, 촌스러운 한 명, 인기 없는 한 명. 이렇게 각자 약점을 지닌
네 명의 개그맨들이 자신의 약점 때문에 겪게 되는 에피소드
를 재미난 입담으로 유쾌하게 풀어낸다.

이 코너가 시작되는 그 순간부터 끝날 때까지 관객들과 시
청자들의 웃음소리는 끊이지 않는다. 이 코너가 사랑을 받은
이유는 에피소드의 내용도 내용이지만 네 명의 개그맨들이 자
신의 약점을 숨김없이 보여줘 사람들로부터 더 많은 공감을 이
끌어냈기 때문이다.

심리학자인 시부야 쇼조 교수는 《호감도 200% UP시키는

대화 기술》에서 장점보다는 약점이나 단점이 사람들의 마음을
더 강하게 끌어당긴다고 말하고 있다.

■ 사람들은 대부분 약한 사람 편을 들어주고 싶어 하는 경향
이 있다. 영화나 드라마, 연극에서 비극의 주인공이 등장하
면 꼭 그 인물에 감정이입을 한다. 이성보다는 감성에 의해
움직이기 쉬운 사람들의 특징이라고 할 수 있다. (…) 상대
와 친해지는 방법으로 자신의 단점이나 약점 혹은 고민을
일부러 상대에게 털어놓는 것도 좋을 것 같다. 예를 들어
(…) "저는 여자와 이야기를 잘 못해요. 그게 콤플렉스인데,
그래도 괜찮다면……"이라는 식으로 상대가 알아채기 전에
자기가 먼저 결점을 고백해서 상대의 정에 호소하면 친밀도
는 깊어진다.

약점을 활용한 상담기술

상담기술 가운데 '자기공개기법self-disclosure technique'이란 게 있
다. 이 기술은 상담을 업으로 하는 사람들에게 아주 유용하게
쓰인다. 이 기술에 대해 설명하자면 상담자가 내담자와 상담하기
전에 먼저 자신의 문제를 내담자에게 솔직히 털어놓는 식이다.

"사실 저도 예전에 상처가 있었어요. 힘든 시기를 겪었지요. 그 상처가 뭐냐면 바로……."

먼저 자신의 약점과 속내를 드러내면 내담자는 경계심을 풀며 이렇게 생각한다.

'저 사람도 나와 비슷하구나. 그래 고민 없는 사람이 어디 있겠어.'

그래서 내담자는 마음의 문을 열고 보다 편안하게 상담에 임하게 된다. 이러한 상담기술은 상담자와 내담자 사이에서만 통용되는 소통법이 아니다. 술자리에서도 흔히 볼 수 있다. 누군가와 함께 술자리를 가지면 여느 때보다 친밀해진다. 서먹한 사이라도 심지어 평소 적대적인 사이라도 술만 마시면 서로에 대한 경계심이 곧 풀어진다.

왜 그럴까? 바로 자기공개기법과 관련이 있다.

취기가 돌면 일단 몸과 마음이 좀 흐트러진다. 그러다 보면 맘속에 담아두었던 말을 하나둘 꺼내놓게 된다. 마음속 이야기는 자신이 숨기고 싶은 약점이나 치부 혹은 상대방에 대해 서운했던 감정이 대부분일 것이다. 마음속 이야기를 들었다는 건 비밀을 공유했다는 것과 같다. 비밀을 공유한 사이라 더 이상의 벽과 경계는 사라진다. 그래서 둘은 급격하게 각별한 사이가 되고 만다. 이처럼 마음속 이야기의 고백, 특히 자신의 단점이나 치부를 드러내는 건 서로의 관계를 돈독하게 하는 묘한 마력이 있다.

약점을 공개한 그들

간혹 스타나 유명인들도 자신의 약점을 공개해 팬과 대중들과의 친밀도를 높이는 경우가 있다. '대화의 신' 래리 킹이 '변호사 중의 변호사'라고 극찬했던 로버트 마이어는 저서 《현명한 사람의 논쟁법》에서 록 가수 데이비드 크로즈비의 일화를 소개하고 있다.

로스앤젤레스에서 열린 콘서트에는 많은 인파가 모였다. 그는 여느 때와 마찬가지로 파격적인 열정과 뜨거운 몸짓, 폭발적인 가창력으로 무대를 장악하고 관중들의 마음을 사로잡았다. 청중들은 환호했고 흥분했다. 노래 몇 곡이 끝나고 잠시 쉬는 사이 그는 갑자기 바지를 추켜올렸다.

"여러분 죄송합니다. 바지가 자꾸 내려가네요."

그리고 미소 지으며 말했다.

"제가 아내와의 약속을 어기고 말았습니다. 아내에게 콘서트 무대에서 바지를 끌어올리지 않겠다고 했는데 오늘도 그 약속을 깨고 말았습니다. 그런데 어떡합니까? 자꾸 내려오는데.

바지를 벗고 노래할 순 없지 않습니까? 여보, 미안해. 약속 지키지 못해서."

때때로 사람들은 약점을 사랑하기도 하고 약점을 통해 인간적인 매력과 친밀감은 물론 동질감까지 느낀다. 크로즈비는 이어 다음 노래를 시작했고 청중들의 반응은 더더욱 뜨거워졌다. 그렇게 가수와 청중이 완전히 하나가 되었다.

스티브 잡스의 2005년 스탠퍼드 대학교 졸업식 연설이 세기의 연설로 기억되는 이유는 자신의 약점과 굴곡진 인생사를 솔직히 밝혔기 때문이다.

그는 태어나자마자 입양되었고 풍족하지 못한 가정에서 유년 시절을 보냈고 학교생활은 낙제생이었으며 독선적인 성격이라 외톨이였다고 밝혔다. 히피 문화에 흠뻑 젖었고 대학도 1년 만에 그만뒀다고 했다. 그리고 인생의 후반기에 찾아온 인생 최고의 고비도 고백했다. 췌장암에 걸려 현재 사투를 벌이고 있음을 말이다. 그리고 죽음 앞에서도 의연함과 도전정신을 잃지 않는 태도를 보였다.

죽음은 삶이 만든 최고의 발명품입니다. 죽음은 변화를 만들어 내고 새로운 것이 낡은 것을 대체할 수 있도록 해주기 때문입니다.

만일 그가 그 연설에서 자신의 잘난 부분만 부각시키고 보다 더 완벽하게 보이려고만 했다면 지금과 같은 큰 호응은 얻지 못했을 것이다. 그 솔직한 고백이 오히려 그의 성공과 성취를 더욱 값지고 감동적인 것으로 만들었다.

과감히 민낯을 공개하라

약점은 더 이상 약점이 아니다. 약점은 인간미를 부각시키고 사람의 마음을 열게 하는 마법의 열쇠다. 중국의 경영관리 전문가인 쑤춘리는 《이기는 사람들의 게임의 법칙》에서 노자의 말을 인용해 부드럽고 약한 것의 힘을 이야기하고 있다.

살아 있는 인간의 몸은 부드럽고 연약하지만 죽은 몸은 굳어서 단단하다. 살아 있는 초목은 부드럽고 연약하지만 죽은 초목은 말라서 딱딱해진다. 그러므로 굳고 강한 것은 죽음의 현상이고 부드럽고 연약한 것은 살아 있는 현상이다. 그러므로 군사가 강하기만 하면 이기지 못하고, 나무가 강하기만 하면 부러지고 만다. 굳고 강한 것은 결국 약세에 처하게 되고 부드럽고 약한 것은 강세를 점하게 된다.

이제는 약점을 숨기지 마라. 민낯을 그대로 드러내라. 물론 나의 약점을 밝혀내 나를 공격하고 짓누르려는 세력이 있다면 철저히 숨기는 것도 현명한 일이겠지만 그런 상황이 아니라면 숨김없이 있는 그대로의 모습을 보이는 것도 나쁘지 않다.

똥배, 어린 시절의 상처, 어눌한 말투, 긴장하면 아이처럼 손가락을 빠는 버릇, 배우지 못한 것, 이성 앞에서 말을 더듬는 것 등등 사소한 습관이나 버릇에서부터 숨기고 싶은 치부까지 고백을 한다면 그런 당신의 인간적인 면에 사람들은 뜻밖의 감동과 공감을 얻을 것이다. 그 순간이 바로 약점이 호감이 되고 개성이 되는 순간이다.

2장

5년 후가 걱정될 땐,

꿈을 적어야 할 시간

1

지금 안락하다는 건?
덫 앞에
서 있다는 것!

———

세상에서 가장 무서운 것은
가난도 걱정도 병도 아니다.
그것은 생에 대한 권태다.

_니콜로 마키아벨리Niccolò Machiavelli

거위와 늑대의 어리석은 선택

야생 거위 한 마리가 따뜻한 곳을 찾아 먼 여정을 떠났다. 비바람이 몰아치는 바람에 이동하는 게 힘겨웠다. 잠깐 고개를 숙여 밑을 보니 저 멀리 농가 뒤뜰에 곡식이 흩어져 있었다.

"아, 저기 먹을 게 있네."

순간, 거위는 다른 생각이 들었다.

'그래, 굳이 먼 곳까지 갈 이유가 없어. 저 농가에 먹을 게 많으니까 저기서 지내면 되지 뭐.'

날개를 접고 농가로 간 거위는 곡식을 배불리 먹었다. 거위는 그곳에서 수개월을 보냈다. 시간이 갈수록 살이 점점 올랐고 그 편안한 생활에 빠져들었다.

이듬해 어느 날, 한 무리의 거위 떼들이 북쪽 하늘로 날아가고 있었다.

"이제 나도 이곳을 떠나야겠다. 저들을 따라가야지."

거위는 날개를 폈다. 그런데 날개가 말을 듣지 않았다. 사실 지난 수개월 동안 거위는 먹는 것에 정신이 팔려 날개를 펴볼 생각조차 하지 못했다.

"어, 내 날개가 왜 이러지?"

거위는 하늘을 나는 법을 잊어버린 것이다.

때마침 그곳을 지나가던 농가의 주인이 거위를 발견했다.

"오늘 저녁 식탁은 풍성하겠군."

결국 거위는 주인에게 잡혀 그날 저녁요리가 되고 말았다.

또 다른 이야기, 이번엔 에스키모인의 늑대 사냥법이다.

에스키모인들은 늑대를 잡을 때 일단 시퍼렇게 날선 칼 하나를 준비한 후 그 칼에 피가 묻어 있는 고기 덩어리를 꽂아 둔다. 그리고 그걸 꽁꽁 얼린다. 그러고 나서 칼을 숨기고 있는 고기 덩어리를 늑대가 자주 다니는 길목에 놓아둔다. 사냥 준비는 이제 끝. 피와 고기 냄새를 맡은 늑대 한 마리가 나타난다. 늑대는 고기 덩어리를 핥기 시작한다. 한참 핥다보면 피와 고기 맛에 취해 자신의 혀가 칼에 베이는 줄도 모르게 된다. 얼마 지나지 않아 늑대는 픽 쓰러진다. 피를 너무 많이 흘린 것이다.

편안함의 함정

이 두 이야기를 읽고 어떤 생각이 드는가? 일단 죽음을 맞이한 거위와 늑대가 안타깝다는 생각이 들 것이다. 그다음 든 생각은 뭔가? 아마도 거위와 늑대가 왜 저런 어리석은 짓을 했을까 하는 생각일 것이다.

먼저 거위의 행동을 보자. 거위는 지금 당장의 안락에 젖어 다가올 미래에 대해 전혀 생각하지 않았다. 아무리 공짜 식사가 좋다고 해도 날개를 펴는 것조차 잊을 수 있을까. 너무했다는 생각이 든다.

이번에는 늑대다. 늑대 역시 자신의 혀에서 피가 나는 줄도 모르고 계속해서 피를 핥아댔다. 죽을힘을 다해 달리고 물어뜯고 싸우는 과정이 있어야 진정한 사냥이라 할 수 있다. 그런데 그런 과정을 다 생략하고 힘들지 않게 먹이를 먹으려다가 그만 죽음을 맞이하게 됐다.

거위와 늑대를 죽음으로 몰고 간 건 뭘까? 바로 '편안함의 함정'이다. 조금 더 편해지려다, 조금 더 안락한 순간을 지속하려다 결국 모든 것을 잃고 만 것이다.

이 글을 읽는 사람들 중에 분명 이런 사람이 있을 것이다.

"쯧쯧. 아무리 그래도 저런 어리석은 선택을 하다니……."

그런데 과연 우리가 거위와 늑대에게 뭐라고 할 입장이 될까? 우리의 삶을 되돌아보자. 거위나 늑대와 다를 게 뭐가 있는가. 눈앞에 보이는 안락과 안위만을 추구하지 않았던가. 변화가 두려워 선뜻 나서지 못하고, 부당한 줄 알면서도 귀찮아 묵묵히 지내고, 지나치게 계산적이라 좋은 기회마저 놓쳐버리고, 도전할 타이밍에서 꽁무니를 보이며 주저앉았다.

사실 편안함을 추구하는 건 인간에게나 동물에게나 본원적인 욕망이라 할 수 있다. 한번 달콤한 맛을 보면 계속적으로 그 맛을 찾게 되고 거기에 머물고 싶은 게 인지상정이다. 그럼에도 불구하고 우리는 편안함을 경계해야 한다. 단 게 몸에 해롭듯 편안함에 익숙해지면 인생은 점점 낙오와 도태의 늪에 빠져들기 때문이다. 편안함에 길들여지다 보면 본래의 모습과 목표도 아득해지고 끝내는 사라지게 된다.

편안함과 자극 사이

경영 컨설턴트인 샘 해리슨은 《아이디어의 발견》에서 편안함의 한계에 대해 이렇게 말했다.

예술가에게 안락한 일상은 변함없는 스타일과 반복적인 프로젝트를 말하며, 마케터에게 안락한 일상은 케케묵은 제품과 지겹도록 우려먹는 계획을 말한다. 또 요리사에게 안락한 일상은 주문이 확실한 요리와 진부한 메뉴다.

요리사 르네 마르고는 콜로세리 데릴라에서 25년간 음식을 만들다가 결국 자살했다. 자살하기 전에 남긴 메모는 또 다시 양파 수프와 비프 타르타르를 만들 수는 없다는 것이

고작이었다. 어떤 비평가는 그를 살해한 것이 25년 뒤처진 메뉴였다고 평했다.

편안함 속에서는 발전의 여지가 없다. 편안함은 나태와 게으름 그리고 정체로 이어진다. 어느 연구기관에서 아메바의 생존 조건에 대해 연구한 결과에 따르면 생존에 최적화된 환경을 제공받은 아메바보다 온도와 습도가 급격히 변하는 살기 힘든 환경에 있던 아메바가 더 오래 살아남았다고 한다. 이는 우리 인간에게도 마찬가지다. 발전적인 삶으로 궤도를 수정하려면 오히려 고난과 역경 혹은 경쟁이라는 자극제가 안락함보다 더 유용하다.

편안함의 함정에서 탈출 시도

지금 편안함의 함정에 빠져 있다면 어서 탈출하기 바란다. 탈출 방법으로 다음 세 가지를 기억해두자.

첫째, 변하지 않으면 변화를 당한다. 변화의 노력 없이 현재의 상태만 유지하려 한다면 머지않아 활기와 비전은 사라지게 된다. 고인 물은 썩기 마련이다. 변하지 않으면 결코 오래 살아남을 수 없다. 존 F. 케네디는 변화의 필요성을 이렇게 역설하였다.

"무엇이든 새롭게 시작하면 위험과 비용이 따르기 마련입니다. 그렇다고 그 실행을 피하거나 두려워해선 안 됩니다. 새로운 변화에 드는 위험과 비용은 장기적으로 안락한 정체comfortable inaction에 빠지는 위험과 비용보다는 훨씬 적습니다."

내가 변하지 않으면 변화되는 것도 발전하는 것도 없다는 사실을 잊지 말아야 한다. 변화를 두려워하지 말고 변화를 당하기 전에 먼저 변하라.

둘째, 경쟁상대를 만들어라. 나보다 앞선 사람을 보면 주눅이 들긴 하지만 승부욕을 부추기는 측면이 있다. 사실 외부의 자극 없이 스스로 관리하고 공부하고 발전하기란 쉽지 않다. 인간은 적응력이 뛰어나기 때문에 어떤 환경에 머물게 되면 그 생활에 젖어들어 타성에서 벗어나기 어렵게 된다. 그때 필요한 게 경쟁상대. 경쟁의 틀 속에 들어가면 내면에 잠들어 있던 오기와 의지와 열정이 깨어나게 된다.

셋째, 담대한 목표를 세워라. 기존의 방식으로는 도저히 성취할 수 없는 목표를 세워라. 목표는 가슴을 뛰게 하고 열정의 불씨를 되살리게 한다. 코뿔소처럼 앞만 보고 달려라. 설령 그 목표를 이루지 못한다고 해도 괜찮다. 그 과정 속에서 분명 성장한 자신을 만나게 될 것이다.

마지막으로 '총각네 야채 가게'로 성공 반열에 오른 이영석 대표의 이야기를 들어보자.

"나는 30층짜리 아파트도 계단을 이용해서 내려온다. 엘리베이터를 타면 편해서 그만두고 싶은 마음이 생길 수도 있기 때문이다. 그리고 좋은 과일을 맛보고 고르기 위해 술과 담배, 커피도 하지 않는다. 가게문을 닫으면 유도장에 나가 파트너에게 매트에 꽂아 달라고 한다. 그러면서 자꾸 안주하려는 자신을 일으켜 세운다."

나는 지금 어디에 서 있는가? 엘리베이터 안에 있는가 아니면 계단 위에 있는가. 안락함의 관 속에 누워 있는가 아니면 치열한 생의 한가운데에 있는가. 어디든 상관없다. 중요한 건 머물지 말고 액션을 취하는 것이다. 레디 액션! 새로운 세상으로 어서 가라!

2

나는 지금 5년 후
나를 적는다

미래를 예측하는 가장 좋은 방법은
미래를 창조하는 것입니다.

_피터 드러커Peter Drucker

자서전을 읽는 사람들

한 남자가 대형 서점에 들렀다. 매대에는 수많은 책들이 놓여 있다. 그는 한참 동안 이 책 저 책 펼쳐 보며 지식과 지혜를 채취했다. 그리고 맘에 드는 한 권의 책을 선택했는지 만족스러운 표정을 지었다. 그가 고른 책은 한 유명인의 삶의 과정을 담아낸 자서전이었다.

- 자서전 : 성공한 사람이나 파란만장한 삶을 살았던 사람이 인생의 뒤안길에서 지난날을 돌이켜보며 그동안 걸어왔던 세월을 글로 남기는 일종의 회상록.

예나 지금이나 자서전(혹은 평전, 전기)은 독자로부터 꾸준한 사랑을 받는 문학 장르다. 몇 년 전에 유명을 달리한 스티브 잡스의 평전은 세계적으로 폭발적인 반응을 보이며 단숨에 베스트셀러가 되었다. 오바마 미국 대통령의 자서전도 많은 사랑을 받았고 벤저민 프랭클린의 자서전도 여전히 관심의 중심에 있다. 물론 국내에서도 김구 선생의 자서전격인 《백범일지》가 유명하다. 요즘은 웬만큼 성공한 사람들이라면 자신의 이름이 박힌 자서전 한 권쯤은 다 내고 있다.

그래서 그런지 몰라도 서점에 가면 자서전을 쉽게 접할 수 있다. 당신 역시 성공한 사람들의 자서전 혹은 전기 한 권쯤은 읽어봤을 것이다. 그렇다면 당신은 그것을 읽고 무엇을 느꼈는가? 일단은 그들이 살아왔던 삶에 경의를 표할 것이다. 또한 가장 높고 가장 가치 있는 삶을 살기 위해 얼마나 많은 시련을 이겨내고 피나는 노력을 했는지를 알게 될 것이다. 그다음에 든 생각은 바로 이게 아닐까 싶다.

'아, 나도 자서전을 남길 만큼 멋진 인생을 살고 싶다. 나도 저렇게 되고 싶다. 나도 성공하고 싶다.'

나만의 미래자서전

당신도 자서전을 쓸 수 있다. 이제까지 살아왔던 날들을 되돌아보면 책 한 권 엮을 만한 사건이 없겠는가. 그러나 지금 자서전을 쓴다는 건 좀 이른 감이 있다. 걸어왔던 길을 되돌아보는 것도 의미가 있겠지만 아직은 해야 할 일과 가야 할 길이 더 많이 남아 있지 않은가. 그럴 뿐더러 이룬 것에 대한 만족보다 이루고 싶은 욕망이 더 강할 것이고, 더 큰 성취감을 맛보고 싶은 도전에 갈증이 나 있을 것이다. 자서전은 인생이라는 큰 산을 넘어 성찰과 회한이라는 교차점에서 남긴다 해도 늦지 않을 것이다.

지금은 여전히 달려야 하고 여전히 올라야 하고 여전히 이뤄야 할 시간이다. 그렇기 때문에 기존의 자서전보다는 새로운 자서전을 쓰길 권한다. 바로 '미래자서전'이다.

기존의 자서전이 과거의 행적을 기억해서 기록하는 방식이라면 미래자서전은 지향하는 시점이 미래다. 과거가 아니라 1년 후, 5년 후, 10년 후 같은 아직 살지 않는 미래다. 자신이 꿈꿔왔던 미래를 예측하고 상상하며 자신의 앞날을 미리 기록해보는 것이다.

베스트셀러 작가인 유영만 교수와 재무 컨설턴트 강창균이 공저한 《버킷리스트》를 보면 다음과 같은 내용이 나오는데 요약하면 대략 이렇다.

코넬 대학교 철학과 학생 32명을 대상으로 버킷리스트(꿈의 목록)를 작성하게 했고, 15년 후 버킷리스트와 지금 이들의 사회적인 위치나 재산 등과의 상관관계를 조사했다. 32명 중 3명은 사망했고 나머지는 사업가, 공무원, 문화예술가, 전업주부 등으로 활동하고 있었다. 그런데 놀라운 것은 그때 당시 버킷리스트를 성실하게 작성한 16명의 학생이 적당하게 적은 이들보다 사회적인 위치나 재산 소유 정도가 높게 나타났다는 사실이다. 아울러 행복지수도 높았다.

물론 이 결과를 절대적 진리로 볼 순 없지만 분명한 건 대부분의 자기계발서는 꿈이나 열망을 기록하는 행위에 대해 긍정적으로 평가하고 있다는 사실이다. 성공학의 아버지라 일컬어지는 나폴레온 힐도 꿈을 품지만 말고 적으라고 입이 닳도록 말했다. 스티븐 스필버그는 자신의 노트에 이렇게 적었다.

"나는 영화로 세계를 변화시키겠다."

빌 게이츠 역시 이렇게 적었다.

"세계 모든 가정, 모든 책상에 하나 이상의 개인용 컴퓨터를 놓게 할 것이다."

'미래자서전 쓰기'도 이와 같은 맥락이다. 사실 미래자서전은 어떻게 살 것인가에 대한 설계 과정이다. 이를 통해 자신의 현재 상황을 파악하고 삶의 가치도 발견할 수 있다. 또한 내면의 상처를 치유할 수 있고 실천을 위한 강력한 동기부여도 받을 수 있다. 그렇다면 미래자서전은 어떻게 써야 할까. 걱정과 달리 작성 절차는 의외로 간단하다.

1. 자서전의 제목을 정한다.

2. 1년 후, 3년 후, 5년 후, 10년 후를 미리 본다고 상상한다.

3. 내가 바라는 미래를 적는다.

4. 예상되는 어려움과 이를 극복하는 마음자세와 실천 방안을 적는다.

미래자서전을 작성했다면 그 바람을 머릿속에서 계속 상상해보자. 많은 이들에게 꿈의 힘을 전달한 이지성 작가는《꿈꾸는 다락방》에서 꿈 작성 요령에 대해 이렇게 언급했다.

노트에 적은 내용을 최소한 하루 한 번 이상 읽으면서, 꿈이 이루어진 모습을 생생하게 그린다. 오감을 동원해서 생생하게 느껴야 한다. 꿈이 이루어지는 속도는 당신이 느끼는 생생함에 비례한다.

마음으로부터 샘솟는 긍정적인 상상은 엄청난 결과를 가져올 것이다. 성공한 사람들을 보면 분명한 목표를 세우고 목표에 접근하기 위한 구체적인 계획을 짠다. 목표가 있다는 것은 태양빛을 한곳에 모을 수 있는 볼록렌즈를 갖고 있는 것과 같다. 목표는 잠재의식이라는 놀라운 힘을 깨우는 자극제이기 때문이다. '이루겠다, 반드시 이루고야 만다'라는 잠재의식이 일상에 프로그램화되면 에너지를 다른 곳에 낭비하지 않고 목표에 집중할 수 있게 된다. 그만큼 효율적으로 시간을 활용할 수 있고 열정을 쏟을 수 있는 동기부여가 되는 것이다.

삭티 게웨인은 의식변화에 대한 세계적인 베스트셀러《간절히 원하면 기적처럼 이루어진다》에서 "창조적 비전은 우리가 삶에서 원하는 것을 창조해내도록 도와주는 상상력"이라고 강조했다. 적고 상상하면 이룰 수 있는 확률이 그만큼 높다.

머뭇거리지 말고 당장 써라

물론 상상만 한다고 다 이루어지는 건 아니다. 아웃풋이 있으려면 반드시 인풋이 있어야 한다. 제임스 R. 볼은 《그 누구에게도 당신의 꿈을 빼앗기지 말라》에서 실행력을 이렇게 강조했다.

우리는 어느 정도까지 자신의 내일을 예상하고 결정할 수 있다. 우리가 살고 있는 이 세상은 인과법칙에 의해 돌아가고 있다. 세상은 우리를 속이지 않는다. 씨를 뿌리면 그만큼 얻을 것이다. 따라서 좋은 씨를 뿌려야 좋은 수확을 기대할 수 있다.

봄에 씨도 뿌리지 않고 가을에 추수할 거라 생각한다면 그건 어리석을 뿐만 아니라 허황된 꿈에 불과하다.

'부자가 됐으면 좋겠어', '성공했으면 좋겠어' 하는 생각만으로는 그 꿈을 이룰 수 없다. 대부분의 사람들이 여기까지만 생각한다. 머릿속으로 생각만 하는 게 아니라 다리를 움직여 뛰어야 한다. 계획과 생각이 실행력을 자극하긴 하지만 그것만으로는 충분치 않다. 움직이지 않으면 아무런 소용이 없다. 생각이 행동으로 옮겨지고, 그 행동이 지금까지 살아왔던 패턴과 습관을 바꿔야 더 발전된 미래, 더 달라진 나를 기대할 수 있는 것이다. 다시 말해서, 꿈과 삶을 움직이는 생각과 행동이 뒤따라야 원하는 결과를 얻을 수 있다.

오늘 충분히 고민했다면 내일 당장 실행에 옮겨야 한다. 머뭇거리지 말고 당장 미래자서전을 써보자. 썼다면 결과를 내기 위해 달려보자. 그렇게만 한다면 당신은 머지않아 미래자서전에 적은 것처럼 달콤한 미래를 맞이하게 될 것이다.

3

모험으로 사는
인생의 즐거움

아무런 위험을
감수하지 않는다면
더 큰 위험을 감수하게 될 것이다.

_에리카 종Erica Jong

미치지 않고서는 할 수 없는 것들

　신문에서 흥미로운 두 장의 사진을 봤다. 모험에 대한 내용을 다룬 기사에 삽입된 사진이었는데 하나는 거대한 빙폭氷瀑을 오르는 사람의 사진이었고 다른 하나는 펄펄 끓는 용암 근처에 서 있는 사람을 찍은 것이었다.

　첫 번째 빙폭을 오르는 사진 속 주인공은 겁 없는 모험가 월터 허거버흐다. 그는 전 세계적으로 오르기 어렵다는 알 카이다 빙폭에 도전장을 냈다. 그 빙폭의 높이는 무려 137m에 달했다. 빙폭을 오르는 그를 사진기에 담은 사진작가는 지켜보는 내내 가슴이 콩알만 해졌다. 자신의 눈앞에서 사람 하나가 죽는 건 아닐까 하는 두려움에 떨어야 했다. 그러나 당사자인 월터는 너무나도 태연스러운 표정을 지었다.

　"보는 사람이 그렇게 긴장을 해서 어떻게 합니까? 오르는 내가 더 긴장을 해야죠. 안 그래요? 그런데 솔직히 이번 등반은 위험합니다. 목숨을 걸다시피 했으니까요. 오르는 게 무섭긴 하지만 그래도 자신감을 갖고 오르면 좋은 일이 생길 겁니다."

　사진작가는 장엄한 자연의 풍경을 상대로 한 인간의 대담한 도전에 경의를 표함과 동시에 혀를 내두르며 그의 '무모한 도전'에 아찔해했다.

두 번째로 용암 옆에 서 있는 사진 속 주인공은 제프 맥레이다. 그 역시 빙폭을 오른 월터 허거버흐처럼 겁 없는 건 마찬가지다. 뉴질랜드 출신의 모험가이자 화산학자인 그는 어느 날, 남태평양의 셰퍼드 제도의 화산섬에 위치한 바누아트 활화산을 향했다. 그가 그곳을 향한 이유는 다소 황당하게 들릴지 모르겠지만 용암에 얼마만큼이나 접근할 수 있는지 실험하기 위해서였다.

"남들에겐 의미 없는 일일수도 있겠지만 저에겐 아주 중요한 일입니다. 도전한다는 것만큼 중요한 일이 있을까요? 온몸이 다 녹아 사라질지라도 기필코 용암과의 사이를 최대한 좁힐 것입니다."

그는 내열 옷을 입고 소방 호흡장치를 장착한 후 펄펄 끓는 용암 호수로 한 발 한 발 접근했다. 온몸이 다 녹아버릴 것 같았지만 이를 악물었다. '조금만 더, 조금만 더'를 맘속으로 중얼거리며 용암을 향해 걸어갔다. 그리고 마침내 용암 근처 30미터 지점까지 접근할 수 있었다. 이로서 그는 세계에서 용암과 가장 근접한 사람이 되었다. 그는 "마치 태양의 표면과도 같았다"는 소감을 밝혔고 또 이런 말을 남겼다.

"인생은 놀라운 모험이 있거나 아예 아무것도 없거나, 둘 중의 하나다."

왜 시도하길 주저하는가?

지금 이 순간에도 수많은 모험가들이 세계 곳곳에서 사람들이 전혀 예상치 못한 일들에 도전하고 있다. 그런데 무모한 모험이 꼭 모험가만의 몫일까? 그렇지 않다. 모험은 누구나 해볼 만한 가치가 있다. 이런 말도 있지 않는가.

"모험하지 않으면 도전할 수 없고 도전하지 않으면 성공할 수 없다."

그러나 대부분 사람들은 '예상 밖의 사건'들이 일어나지 않길 바란다. 하루하루 별 탈 없이 무난하게 지나가길 바란다. 마음속엔 안전해지고 싶은 욕구가 있다. 그래서 익숙해진 것과 습관화된 것에 젖어든다. 늘 하던 대로 하려고 하고 낯선 길은 외면하고 가던 곳만 간다. 모험이나 도전은 두렵기도 하고 귀찮기 때문이다.

피할 수 있으면 피하는 게 상책이라 생각한다. 괜히 시도했다가 더 큰 손실을 당할 수도 있다는 구실을 만들어 안전에 대한 환상을 꽉 붙들고 있다.

세계적인 베스트셀러 작가이자 대중연설가인 지그 지글러는 저서 《시도하지 않으면 아무것도 할 수 없다》에서 변화와 도전을 두려워하는 원인을 다음과 같이 분석했다.

■ 사람들이 자신의 재능을 개발하지 못하는 첫 번째 이유가 바로 '부정'입니다. 자신의 재능을 개발하지 않는 두 번째 이유는 '망설임'입니다. 사람들이 자신의 재능을 개발하지 않는 세 번째 이유는 '두려움'이라고 나는 생각합니다. 사람들이 재능을 개발하지 않는 네 번째 이유는 '무책임감'입니다. 사람들은 자신의 실패를 자신의 잘못이 아닌 다른 것, 혹은 다른 사람들의 탓으로 돌리는 데 익숙합니다. 그리고 그렇게 생각하는 것이 편하다고 생각합니다.

당신이 앞으로 듣게 될 가장 슬픈 말들 중에는 이런 것이 있을 수 있습니다.

"그때 그렇게 했었더라면……."

시도하지 않으면 아무것도 일어나지 않는다

분명한 건 시도하지 않으면 아무것도 얻을 게 없다는 것이다. 약간의 무리수를 두더라도 새로운 일을 향해 달려가는 것, 무모한 일에 도전하고 모험하는 건 분명 의미 있는 일이다. 지금까지 살아왔던 방식과 행동으로는 안전성을 보장받을 순 있겠지만 발전과 성장은 물론이고 성취의 기쁨도 전혀 만끽할 수 없다.

설령 실패를 한다고 해도 괜찮다. 모험을 했다는 건 이미 새로운 세상을 향해 한 걸음 다가간 것이고 새로운 나를 만날 수 있는 계기가 된다.

혜민 스님 역시 저서 《멈추면 비로소 보이는 것들》을 통해 모험의 긍정적인 면을 전하고 있다.

세상에 완벽한 준비란 없습니다. 삶은 어차피 모험이고 그 모험을 통해 내 영혼이 성숙해지는 학교입니다. 물론 심사숙고해서 결정해야 하겠지만 백 퍼센트 확신이 설 때까지 기다렸다 길을 나서겠다고 하면 너무 늦어요. 설사 실패를 한다 해도 실패만큼 좋은 삶의 선생님은 없습니다.

그렇다고 모험가들처럼 빙폭을 오르거나 용암 가까이 다가가는 위험천만한 모험을 하라는 건 아니다. 거창한 모험도 있지만 우리가 일상 속에서 할 수 있는 소소하지만 의미 있는 모험도 얼마든지 많다. 반복되는 일상에 무료해지고 따분해질 때 다람쥐 쳇바퀴 돌듯 틀에 박힌 삶에서 허우적거리지 말고 때론 가슴이 시키는 대로 해보자.

일상의 작은 변화로부터

경영 컨설턴트인 바버라 퀸도 《삐거덕거리는 의자를 바꿔라》에서 멈추지 말고 끊임없이 생각하고 시도하는 삶을 살라고 당부하고 있다.

냉소가들은 재능은 타고나야지 노력한다고 되는 것이 아니라는 말을 즐겨한다. 그럼으로써 아무것도 하지 않는 것에 대한 구실을 만들어낸다. 우리는 항상 어딘가 멀리 있는 최고의 기회를 찾곤 한다. 그리고 그것이 잘 익은 사과처럼 우리 무릎 위로 떨어지기를 바란다. 그런데 대부분의 경우, 우리의 운명은 바로 우리 코앞에 있는 경우가 많다. 일어나서 한 번 집의 서재로 가보라. 어떤 책이 거기에 꽂혀 있는가? 여유 시간이 생긴다면 무얼 하고 보낼 것인가? 당신의 전공은 무엇이고 경력은 어떻게 되는가? 그것을 어떻게 활용할 수 있을 것인가?

일상부터 바꾸고 행동부터 하자. 굳이 생각이 영글 때까지 기다릴 필요가 없다. 행동을 통해 생각을 정리하고 삶의 활력을 되찾을 수 있다.

늘 가던 길에서 살짝 빗겨 가는 것, 규칙을 살짝 어겨 일탈해보는 것도 그리 나쁘지 않다. 빨간 하이힐을 신어본다든가, 평소 입에도 대지 않았던 돼지껍데기를 먹어 본다든가, 원색에 가까운 색깔로 머리를 염색해본다든가, 클럽 정중앙에서 미친 듯이 춤을 춰본다든가, 평소 맘에 들지 않던 상사에게 한번 대들어본다든가 등등. 이제까지 살아오던 방식이 아닌 새로운 스타일로 사는 것 역시 모험이라 할 수 있겠다.

빙폭을 오르든 용암 속으로 빠지든 아니면 일상 속에서 소소한 변화를 꿈꾸든 중요한 건 그러한 행동을 통해서 내가 살아 있다는 걸 느끼는 것이다. 느꼈다면 그게 모험이고 즐거운 인생이 아니겠는가. 오늘 한 번 모험을 시도해보자.

4

헤밍웨이는
왜 의자를
집어 던졌을까

———

어리석은 일 중에 가장 어리석은 일은
이익을 얻기 위해 건강을 희생하는 것이다.

_ **아르투어 쇼펜하우어**Arthur Schopenhauer

헤밍웨이의 의자

어느 날, 소설가 헤밍웨이가 가구점에 찾아갔다.

"작가님, 저희 가게는 무슨 일로 오셨습니까? 유명하신 작가님을 이렇게 가까이서 뵙게 되어 영광입니다."

"영광은 무슨 영광. 책상 하나만 만들어주게."

"책상요? 작가님 댁에 책상이 많이 낡았나요?"

"아니. 다리가 긴 책상이 좀 필요해. 책상 높이가 내 가슴까지 오게 좀 만들어주게."

"그렇게나 높게요? 그 책상 위에 타자기를 올려놓고 글을 쓰시면 완전히 서서 글을 쓰는 꼴이 될 텐데요."

"바로 그게 내가 원하는 걸세. 앞으로 서서 글을 쓰려고."

"서서 글을 쓰신다고요? 편안하게 앉아서 쓰시지 왜 굳이……. 여하튼 알겠습니다. 며칠 내로 만들어서 가져다 드리겠습니다."

헤밍웨이는 왜 높은 책상을 주문했던 걸까. 왜 서서 글을 쓰고자 했던 걸까. 그 이유를 두 가지로 생각해볼 수 있다.

첫 번째는 사상과 아이디어를 의자에 가둬두지 않고 보다 더 자유로운 사유로 전환하기 위한 일종의 자극제 혹은 창작을 위한 몸부림이 아니었을까 생각된다.

두 번째는 건강한 글을 쓰기 위해 건강한 몸을 유지하기 위한 노력의 일환이었을 터다.

책상 앞에 앉아 한 번 맘먹고 글을 쓰기 시작하면 밤을 꼴딱 지새우는 게 보통이다. 그러면 무려 7~8시간을 꼼짝도 하지 않고 책상 앞에 앉아 있다는 말이 된다. 몰입하다 보면 허리 펴는 것도 화장실 가는 것도 잊게 된다.

글에 빠져 있을 때는 모르지만 글에서 빠져나오는 순간 몸은 이미 망가져 있다. 그런 악순환을 끊기 위해 글을 서서 쓰는 방법을 선택하지 않았을까.

의자의 이중성

우리는 두 번째 이유에 주목할 필요가 있다.

요즘 사람들 역시 대부분의 일상을 앉아서 보낸다. 운전할 때도 그렇고 TV 볼 때도 그렇고 식사를 할 때도 그렇고 컴퓨터로 게임을 할 때도 그렇다. 그런데 그 앉아 있는 행위가 건강을 해친다는 걸 알아야 한다.

1800년대 미국의 저명한 저술가였던 존 토드 목사는 《5분으로 나를 바꾸는 66가지 습관》에서 건강의 중요성을 이렇게 말하고 있다.

유능한 젊은이일수록 목표도 높다. 그리고 자기의 재능에 대해 자부심이 강할수록 건강을 해칠 위험도 크다. 그것은 열심히 공부해서라기보다는 스스로 건강을 돌보지 않기 때문이다.

건강에 신경 쓰지 않고 전심전력을 다하여 공부에 열중하면 처음에는 확실히 큰 진전이 있을 것이다. 그러나 그 성과가 곧 한계에 도달하고 체력이 쇠약해지면 실의 속에 막막하게 살아갈 수밖에 없다.

건강으로 가는 실천법 중 첫 번째로 의자에서 벗어나기를 권한다. 의자에 앉아 있는 시간이 길면 길수록 건강에 악영향을 미친다는 연구 결과가 속속 나오고 있다. 캐나다 캘거리의 알버타 헬스 서비스 연구팀은 신체 활동과 암 발생의 상관관계를 조사했다. 그런데 놀라운 결과가 나왔다. 오래 앉아 있는 것이 암의 주된 원인으로 미국에서만 무려 한해 9만 건이 발생한다고 한다.

이와 비슷한 조사 결과가 호주 의학연구팀에 의해서도 밝혀졌다. 하루에 4시간 이상 TV를 시청할 경우 당뇨병와 심혈관질환 등이 발생할 위험이 높다고 발표했다. 이는 TV를 하루 2시간 미만 보는 사람보다 심혈관질환으로 사망할 확률이 무려

80퍼센트나 높은 수치다.

스웨덴의 엘린 에크브롬 바크 교수는 건강을 지키기 위해선 절대로 하루에 4시간 이상 앉아 있지 말라고 경고하고 있다. 오래 앉아 있으면 지방과 포도당 등 신진대사를 조절하는 유전자가 제 기능을 못해 건강 적신호가 켜진다는 것이다.

꼭 챙겨야 할 것, 건강

실제로 MC로 맹활약하고 있는 한 연예인의 사례도 있다. 그는 한참 주가를 올리고 있을 때 일주일에 무려 11개의 프로그램을 진행했다고 한다. 주로 앉아서 진행하는 방식이라 하루 종일 허리 펼 시간이 없었다. 허리 통증으로 병원 신세를 져야 했고 결국 더 이상 프로그램을 진행할 수 없어 잠시 은퇴 선언까지 해야 했다.

분명 이런 이들도 있을 것이다.

"업무 특성상 하루 종일 앉아서 일을 봐야 하는데 어떻게 하라는 겁니까?"

매일 자리에 앉아 일하면 답답하기도 하고 운동량이 부족해 자연스럽게 배가 나온다. 물론 허리에도 좋지 않다. 아무리 기능성이 뛰어난 고급 의자에 앉아서 일한다고 해도 계속 앉아 있으면 좋을 게 없다.

달리 방법이 없다. 20분마다 자리에서 일어나 가볍게 스트레칭을 하는 게 좋다. 그러나 사무실에서, 학교에서 20분마다 그럴 순 없는 노릇이다. 그러니 적어도 40분에 한 번씩은 자리에서 일어나 가볍게 몸을 풀어야 한다. 사실 아무리 바쁘다고 해도 잠깐 몸을 풀 시간이 없진 않다. 마음이 게으르고 몸을 움직이는 게 싫을 뿐이다. 사실 운동을 하는 건 귀찮은 일이다. 귀찮다고 미룬다면 멋진 성공은 포기해야 한다. 건강해야 훗날을 기약할 수 있다.

일본의 컨설턴트인 혼다 아리아케는 《똑똑한 20대, 생각부터 다르다》에서 이렇게 말하고 있다.

운동은 취향이므로 하기 싫어하는 사람에게 억지로 권할 필요는 없다는 의견도 있는데, 나는 그렇게 생각하지 않는다. 여러분도 알다시피 생물의 역사를 돌아보면 동물은 몸을 움직임으로써 생명 활동을 영위해왔다. 그런데 사람들이 머리를 쓰는 일이 늘어나면서 움직이는 시간이 극도로 줄어들었다. 특히 대도시에서 일하는 현대 직장인들은 출퇴근할 때 외에는 몸을 움직일 기회가 전혀 없다. (…) 머리만 혹사하는 비균형적인 생활이 계속되면 스트레스를 견디는 인간의 내성은 점점 감소할 것이다. 심신의 균형을 정상으로 유지하기 위해서라도 운동은 인생의 필수과목이라고 나는 생각한다.

의자에서 벗어나라. 가까운 스포츠센터에 등록해서 운동을 하든지 그게 여의치 않으면 집으로 돌아오는 길에 한 정거장을 일찍 내려 걸어오는 습관도 좋겠다. 운동할 곳, 운동기구는 널려 있다. 하겠다는 의지가 중요하다.

의자를 벗어나는 순간 건강도 챙길 수 있고 꽉 막히고 답답한 사고도 확 뚫려 아이디어가 샘솟을 수 있다. 더 이상 의자에 앉아 있지만 말고 지금 당장 엉덩이를 들썩거려라. 인생이, 미래가 들썩거릴 것이다.

5

실패를
굴복시키는 법

———

어떤 이가 열등감 때문에
우물쭈물하고 있는 동안,
다른 이는 실수를 저지르며
점점 우등한 사람이 되어간다.

_헨리 링크Henry C. Link

실패하는 게 인생이다

■ 골동품 수집가 역시 처음에는 몇 번씩 속아 비싼 가격에 구입하기도 하겠지만 긴 안목으로 보면 이러한 지출은 '수업료'인 셈이다. 경영자는 누구보다도 손해 보는 것을 싫어하는 사람이지만, 수업료를 내는 것을 꺼려해서야 배울 수도 없고 성장할 수도 없다.

야스다 요시오의 《만원짜리는 줍지 마라》에 나오는 말이다.

실패가 성공을 보장하는 건 아닐지 모르지만 적어도 실패가 인생의 끝은 아니다. 만약 실패가 인생의 끝이라면 이 세상에는 그 누구도 존재하지 않을 것이다. 누구나 다 실패를 경험하기 때문이다. 실패는 결코 피해갈 수 없다. 실패는 사는 동안 겪어야 하는 통과의례와도 같은 것이다.

기억하고 있을지 모르겠지만 그 실패의 경험은 아주 어릴 때부터 시작되었다. 처음 걸음마를 배울 때 얼마나 많이 넘어졌는가. 한 걸음 떼는 것도 힘겨워했다. 겨우 세 걸음 걷고 다시 주저앉았다. 계단 앞에서는 참으로 암담했다. 형이나 오빠처럼 뛰어다니고 싶지만 그럴 수도 없는 노릇. 자전거를 배울 때도 마찬가지다. 넘어지기를 수차례! 무릎이 다 까졌다. 시험도 종종 실패의 쓴맛을 보게 된다. 생각한 것보다 점수가 낮게 나오기 일쑤고 성인이 된 후에도 실패는 계속된다. 취업 역시 몇 번이고 고배를 마신다.

실패의 후유증은 만만치 않다. 그동안 쏟아부었던 노력과 수고는 온데간데없고 물질적인 손해는 물론이고 상실감과 절망감 등 정신적인 타격도 크다. 한동안 실패의 늪에서 헤어나오지 못한다. 그러나 수많은 실패에도 불구하고 당신은 이렇게 건재하다. 오늘 하루를 또 힘차게 살고 있다. 실패도 했지만 성공적인 삶을 향해 달려가고 있다.

음이 있으면 양이 있고 하늘이 있으면 땅이 있듯 우리의 인생 항로도 실패만 계속되는 것도, 성공만 계속되는 것도 아니다. 실패와 성공의 반복 과정이다.

살다보면 뜻하지 않은 실패로 인해 넘어질 때가 있다. 그때 그 침체의 시간을 오히려 인생을 보다 값진 방향으로 가기 위한 좋은 투자의 시기라 생각해야 한다. 하강곡선은 반드시 다시 상승곡선을 타기 마련이다.

일시적 후퇴 혹은 도전을 위한 준비

가와키타 요시노리는 《30년 동안 30대로 살아라》에서 실패를 대하는 마음자세에 대해 이렇게 말하고 있다.

실패에는 두 가지가 있다. 하나는 일의 진행 중에 일어나는 실패다. 일의 진행 중에 일어나는 실패는 즉시 알아차려 개선해 나가면 된다.

또 다른 하나는 실패했다는 것을 알아차렸을 때 더 이상 앞으로 나아가기를 포기해버리는 실패다. 대부분의 사람들이 이런 실패를 한다. 즉 스스로 그만두어서 실패를 '확정'해버리는 것이다.

여기서 알 수 있는 것은 실패는 자신에 의해 결정되는 것이라는 사실이다. 진행 중의 실패는 몇 번을 되풀이해도 계속 노력하는 자세를 잃지 않는 한 실패가 아니다. 반면에 하찮은 실패라도 실패를 느끼는 순간 일을 포기해버리면 실패는 그 자리에서 굳어져버린다.

요시노리의 말처럼 실패에는 두 가지가 있다. 그런데 그 두 가지 중 어느 것을 선택할지는 우리의 몫이다. 명심해야 할 것은 성공한 사람들은 실패를 '영구적 결과'로 보지 않는다는 것이다. 그들은 실패를 더 큰 도약을 위한 '일시적 후퇴' 혹은 '도전을 위한 준비'라고 생각한다.

가슴 속의 한 떨기 꽃

《돈키호테》를 쓴 대문호 세르반테스도 사는 동안 실패와 고난을 수시로 맞닥뜨려야 했다. 그는 가난한 집안에서 태어났다. 당연히 제대로 된 교육을 받지 못했다. 청년 시절엔 레판토 해전에 참전해 왼팔을 크게 다쳤다. 귀국하던 중 해적에게 납치되어 5년 동안 노예생활을 했다. 중간에 몇 번이고 탈출을 시도했지만 모두 실패하고 가까스로 풀려나 고향으로 돌아올 수 있었다. 젊은 시절의 대부분을 아무런 보람도 꿈도 없이 보낸 것이다. 현실 앞에 선 그는 앞날이 캄캄했다.

"내가 과연 무엇을 할 수 있을까? 가진 것도 없고 그렇다고 집안이 좋은 것도 아니고."

그렇다고 희망의 끈까지 놓은 건 아니었다. 남들이 겪지 못했던 파란만장했던 젊은 시절의 경험이 분명 성공하는 데 큰 자양분이 될 거라 믿었다.

경영 컨설턴트인 매트 웨인스타인는 《개처럼 일하라》에서 놓쳐서는 안 될 희망의 끈에 대해 이렇게 언급하고 있다.

살면서 항상 웃고 놀 수만은 없다. 다른 사람들과의 상호작용이 괴로움을 가지고 올 때도 있고, 우리가 배울 필요가

있는 것을 배우라고 인생이 프라이팬으로 머리를 때릴 때
도 있다. 그러나 그런 괴로운 순간에도 인생은 돌고 도는 것
이며, 상황이란 항상 변화하기 마련이라는 사실을 기억하면
마음이 편안해질 것이다. 겨울이 가면 봄이 오고, 해가 지
면 다시 해가 뜬다. (…) 쓰레기 더미에 빠져 꽃이 어떻게 생
겼는지 기억조차 할 수 없는 때도 있을 것이다. 그러나 지금
쓰레기를 뒤집어쓰고 있다고 해서 우리의 인생이 쓰레기라
는 뜻은 아니다. 다만 아직 꽃이 도착하지 않았을 뿐이다.

세르반테스도 가혹하고 암담한 어둠의 나날이었지만 가슴
안에 꽃을 품었다. 지금 당장은 아니지만 언젠가는 활짝 필 거
라는 희망을 가졌다. 쓰레기더미 같은 현실 속에서 빠져나오려
고 발버둥 쳤다. 열정을 다해 집필에 힘썼고 서른여덟 살에 첫
번째 소설 《라 갈라테아》를 발표했다. 그러나 세금징수원으로
일하면서 영수증 발행 실수로 다시 감옥에 갇히게 된다. 또다
시 쓰레기더미에 빠졌지만 희망의 꽃을 버리지 않았다. 그리고
마침내 옥중에서 세기에 남을 위대한 작품을 써내려갔다. 그
작품이 바로 《돈키호테》였다.
실제로 그 작품에는 그의 파란만장한 삶이 곳곳에 녹아 있
다. 만약 그에게 절망과 실패의 경험이 없었다면, 희망의 꽃을

믿지 않았다면 우리는 그 위대한 작품을 만나지 못했을 것이다.

농구 황제 마이클 조던 역시 처음부터 잘나갔던 게 아니다. 그는 고등학교 농구부에서 탈락하는 수모를 겪었다. 처음엔 자존심이 상하고 어이가 없었지만 오히려 그 실패가 약이 되었다. 그의 승부욕을 자극했고 오기를 부추겼다. 그는 쉬지 않고 훈련을 거듭해서 농구 선수가 되었고 경기를 우승으로 이끌어 마침내 NBA 역사상 가장 유명한 선수가 되었다.

실패 극복 플랜

애플 창업자인 스티브 잡스에게도 뼈저린 실패의 경험이 있다. 그 실패로 인해 인생의 쓴맛을 봐야 했다. 그러나 그 쓴맛이 훗날 인생의 단맛을 내는 데 결정적인 계기를 마련해줬다. 스탠퍼드대 졸업식 연설에서 한 그의 말이다.

당시에는 몰랐지만 애플에서 해고당한 것은 제 인생 최고의 사건이었음을 깨닫게 됐습니다. 그 사건으로 인해 저는 성공이란 중압감에서 벗어나서 초심자의 마음으로 돌아가 자유를 만끽하며 내 인생 최고의 창의력을 발휘하는 시기로 갈 수 있게 됐습니다. (…) 정말 독하고 쓰디쓴 약이었지만 이게 필요한 환자도 있나봅니다. 때로 인생이 당신의 뒤통수를 때리더라도 결코 믿음을 잃지 마십시오. 전 반드시 인생에서 해야 할, 제가 사랑하는 일이 있었기에, 반드시 이겨낼 거라고 확신했습니다.

실패를 경험할 때 어떻게 반응하느냐에 따라 실패 이후의 인생이 달라진다. 영원한 패배자로 살고 싶지 않다면 실패를 극복하기 위한 3단계를 기억하자.

1_원인 분석 및 책임지기

실패는 이해받을 수 있다. 그러나 똑같은 실패는 이해받을 수 없다. 똑같은 실패를 하지 않기 위해선 실패의 원인을 꼼꼼히 분석하고 따져봐야 한다. 그래야 다시는 똑같은 실패를 반복하지 않고 지혜롭게 다시 시작할 수 있다. 또한 실패에 대해 회피하지 말고 책임을 질 줄 알아야 한다. 괜히 다른 사람에게 비난의 화살을 돌리지 말아야 한다. 실패를 인정하고 받아들이고 책임져야 그 실패가 재도약의 발판이 된다.

2_과거에게 발목 잡히지 않기

웬만한 실패의 상처는 시간이 지나면 자연적으로 치유되기 마련이다. 굳이 과거에 머물며 괜히 상처를 덧나게 하지 말자. 고여 있는 물이 흘러야 새로운 물이 들어오듯 실패에 대한 쓰라린 기억을 훨훨 날아가게 놓아줘야 한다. 그러면 상처는 아물고 곧 새살이 돋아날 것이다.

3_다시 또 일어나기

권투 경기에서 상대의 펀치에 맞아 쓰러진 선수가 다시 일어나지 못하면 게임은 끝난다. 그러나 다시 일어나 싸우겠다는 의지를 보이면 기회는 여전히 존재하게 된다. 실패했다고 두려워 말고 실패에 대한 면역력이 생겼다고 생각하자. 다시 또 일어나 시도하고 앞으로 전진하라. 그게 인생이고 진짜 성공을 맛보는 계기가 된다.

당신은 지금 더 나은 내일을 원할 것이다. 그렇다면 지금보다 더 여러 번 실패하기 바란다. 다른 사람보다 5배 아니 10배 더 실패의 쓴맛을 봐라. 이 말은 남보다 더 많이 도전하라는 말이다. 실패가 곧 도전이고 도전이 바로 성공이기 때문이다.

3장

인생의 템포가 빨라질 땐,

주위를 돌아봐야 할 시간

1

속도를 늦춰야
다가오는 것들

속도를 줄이고 인생을 즐겨라.
너무 빨리 가다 보면 놓치는 게 주위 경관뿐만이 아니다.
어디로 왜 가는지도 모르게 된다.

_에디 캔터Eddie Cantor

지하철역에서 울려 퍼진 선율

2007년 1월의 어느 날 오전 8시, 한 남자가 워싱턴의 랑팡 지하철역에 나타났다. 그는 청바지에 티셔츠 차림 그리고 야구모자를 쓴 평범한 사람이었다. 좀 특이한 점이 있다면 그의 손에 악기 가방 하나가 들려 있다는 것 정도.

그는 잠시 주위를 두리번거렸다. 역내에는 바삐 오가는 사람들로 가득했다. 그는 짧은 한숨을 내쉬더니 뭔가 결심이라도 한 듯 입술을 야무지게 포갰다. 그러고는 악기 가방에서 바이올린을 꺼내 연주하기 시작했다.

아름다운 선율이 사방으로 울려 퍼졌다. 그의 연주 실력은 깜짝 놀랄 정도의 수준이었다. 그 수준 높은 연주는 40여 분 정도 계속되었다. 40분 동안 천 명이 넘는 사람들이 그의 앞을 지나갔지만 겨우 예닐곱만 걸음의 속도를 늦춰 연주를 감상할 뿐 다들 바삐 어디론가 사라졌다.

연주가 끝나고 바이올린 가방을 확인해보니 거기에는 겨우 32달러 17센트만이 담겨 있었다. 흥행 참패였다. 몇몇이서 좋은 연주에 대한 감사표시로 한 푼 두 푼 돈을 놓고 간 게 전부였다.

그런데 다음 날, 아침 신문을 펼쳐든 시민들은 깜짝 놀라고 말았다. 랑팡 지하철에서 바이올린을 연주한 그 남자의 정체는

'조슈아 벨'이었다. 그는 심세하고 사려 깊은 연주로 세계적인 명성을 얻고 있는 바이올리니스트다. 그가 얼마나 유명하냐면 그의 공연을 보려면 몇 달 전부터 예약을 해야 할 정도였다. 그의 공연의 가치를 돈으로 환산하자면 4만 달러에 달한다. 신문을 접한 사람들은 다들 안타까워했다. 그곳을 그냥 지나쳤던 사람들은 4만 달러짜리 공연을 놓친 셈이다. 일종의 몰래카메라였던 이 지하철역 공연은 한 신문사에서 기획한 일인데 현대인이 얼마나 바쁜 일상에 쫓겨 사는지를 보여주기 위한 실험이었다.

시간병에 걸린 현대인

만약 당신이 그날 워싱턴의 랑팡 지하철역에 있었다면 어떻게 했겠는가? 바닥에 엉덩이를 깔고 앉아 바이올린 연주를 감상했겠는가 아니면 다른 사람들과 마찬가지로 바삐 발걸음을 재촉하며 지하철에 몸을 실었겠는가. 아마 당신 역시 다른 사람들과 마찬가지로 연주에 별 관심을 두지 않았을 것이다. 왜? 바쁘니까!

현대인들은 정말로 바쁘다. 속도의 시대를 살고 있다. 회사에서 일하느라 바쁘고, 약속 시간에 늦지 않기 위해 버둥거리고,

학생들은 아침부터 저녁까지 공부하느라 바쁘고, 주어진 과제 및 프로젝트를 시간 안에 끝내야 하기에 정신없고, 종종 그냥 있어도 괜히 분주해 제대로 쉬지도 못한다. 하는 일도 없이 번잡스럽기만 하다.

우리는 왜 이렇게 시간에 쫓기는 걸까? 조금이라도 늦으면 경쟁에서 뒤쳐진다는 생각에서 그렇다. 앞서야 한다는 강박 때문에 늘 바쁠 수밖에 없다. 그래서 항상 조바심을 품고 산다. 오히려 자유로운 시간이 주어지면 안절부절못하고 불안해한다. 늘 시간이 달아나고 있다고 느낀다.

시간에 쫓기는 또 다른 이유는 시간관리의 실패다. 시골 의사로 잘 알려진 박경철 작가는 《자기혁명》에서 시간관리의 실패 원인을 다음과 같이 말했다.

우리는 시간여유가 없다는 말을 많이 한다. 하지만 필자는 "시간이 없다"고 말하는 사람 중에서 성공에 이른 이를 만난 적이 없다. 우리가 쫓기는 시간에는 찌꺼기가 너무 많아서 시간이 더 필요하다면 그만큼 찌꺼기를 버리면 된다. "시간이 없다"는 말은 달콤하지만 쓸모없는 것들을 끌어안고 놓지 않는다는 말과 같다. 때문에 불필요한 것들을 버리고 필요한 것들을 채우는 과정을 '시간관리'라고 할 수 있는데,

이것은 내 삶의 가치배분을 위한 포트폴리오라는 관점에서 보면 그렇게 어려운 일도 아니다.

이처럼 많은 사람들이 일종의 '시간병time-sickness'에 걸려 있다. 시간병은 미국의 내과의사인 래리 도시가 명명한 건데 실제로 한 기관의 설문조사에 의하면 직장인 10명 중 8명이 항상 시간에 쫓기는 듯한 삶을 살고 있다고 답했다.

열정과 여유, 그 균형의 미학

바쁘게 움직이고 빠르게 달리다 보면 자칫 그 속도에 치여 몸과 마음이 망가질 수 있다. 큰 성과를 낸다고 한들 몸과 마음이 망가진다면 그게 다 무슨 소용이겠는가. 해야 할 일과 하지 않아도 될 일을 구분도 하지 않고 무턱대고 하면 뭣하겠는가. 매일같이 반복되는 똑같은 패턴으로 지내다 보면 생의 의욕과 활기를 잃어버리게 된다.
온종일 컴퓨터 모니터만 바라보지 말자.
서류에 파묻혀 지내지 말자.
하지 말아야 할 일에 시간을 뺏기지 말자.
쓸데없는 고민으로 마음을 낭비하지 말자.

여유로운 마음으로 한 발짝 뒤로 물러나 지금의 현상을 느긋하게 관망할 필요가 있다. 문화인류학자이며 환경운동가인 쓰지 신이치는 저서 《슬로 라이프》에서 이렇게 말했다.

능률주의, 효율주의, 합리주의, 경제성이라는 관점에서는 진정한 정신 활동이 생겨나지 못한다. 우리 사회는 속도를 늦추어야 할 필요가 있다. 달리고 있는 사람은 걷도록 한다. 걷고 있는 사람은 잠시 멈춰 선다. 멈춰 서 있는 사람은 그 자리에 주저앉아 보자. 그러면 먼발치에 핀 꽃들이 얼마나 아름다운지 눈에 들어온다. '분발!'을 조금만 늦춰보면, 분명 눈앞의 풍경이 달라 보인다. 돈벌이가 되지 않는 일도 얼마쯤은 해보는 것이 어떻겠는가!

이제 속도를 늦춰야 할 시간이다. 아니 차라리 멈춰보자. 삶에 있어 여유는 선택이 아니라 필수 요소다. 자동차가 잘 달리기 위해선 주유소에 들러 기름도 넣어야 하고 정비소에 들러 부품에 윤활유도 뿌려야 한다. 열정 다음엔 여유, 여유 다음엔 다시 열정. 어느 하나에 치우치지 않고 둘을 잘 조화롭게 유지해야 지지치 않고 더 멀리 갈 수 있는 것이다. 에크낫 이스워런은 《마음의 속도를 늦추어라》에서 이렇게 말했다.

▪ 균형 잡힌 삶을 위해 우리는 노련한 고속도로 순찰대원들처럼 주행해야 합니다. 한 발은 액셀러레이터에, 한 발은 브레이크에 얹는 것입니다. 힘이 필요할 때면 액셀러레이터 쪽 발에 힘을 주기만 하면 됩니다. 그리고 우리가 금도禁度를 벗어나기 시작하면, 그저 브레이크 페달만 밟으면 됩니다.

운전을 배울 때 타던 이중조종 자동차를 기억하십니까? 이중조정 자동차 안에 '의지(판단을 가려볼 수 있는 능력)'가 운전 강사로 타고, '욕망'은 교습생으로 운전석에 앉았다고 상상해보세요. 욕망이 운전을 제대로 하는 한 의지는 아무런 할 일이 없습니다. 하지만 욕망이 위험한 행동을 하려는 순간, 의지가 브레이크를 밟고 운전대를 잡습니다.

잠시 브레이크를 밟는 건 결코 멈추는 게 아니다. 더군다나 끝도 아니다. 새 도약을 위한 재충전의 시간이다. 저명한 의학 박사 디트리히 그뢰네마이어 역시 《지금 이 순간》에서 여유와 휴식의 중요성을 강조했다.

▪ 병은 의사뿐만 아니라 영혼에게도 유익하다고 시인인 장 파울은 말했다. 이는 병이 우리에게 무엇인가 중요한 것을 말해주고 있음을 시사한다. 나에게 있어서 병은 좀 쉬라는

신호였다. 과로했으니 휴식을 통해 새 힘을 충전하라는 의미였다.

진심으로 성공을 원한다면 여유를 가져야 한다. 기회는 허둥지둥 시간에 쫓기는 자에게 오는 게 아니라 마음의 여유를 가진 사람에게 온다. 다급하고 불안하면 행동만 앞설 뿐이다. 그러면 일을 꼼꼼히 처리할 수 없다. 그런 사람에게 기회가 올 리 만무하지 않겠는가.

오늘 오후, 시간을 만들어 가까운 미술관에 가보는 건 어떨까. 전시관에 걸려 있는 작품에 대한 지식이 없어도 괜찮다. 미술에 조예가 깊지 않아도 상관없다. 인생이라는 여행의 목적은 도착이 아니라 여정이다. 미술관에 가는 그 길 위에서 당신이 꽃과 나무와 상쾌한 공기를 만나게 된다면 이는 이미 삶의 여유라는 커다란 선물을 받은 셈이다. 그뿐인가. 미술작품을 보면서 한결 마음이 깨끗해지고 인생도 깊어짐을 느낄 수 있을 것이다.

2

느려도
끝까지 가는
자가 이긴다

———

이 분야에서 재능은 출발점일 뿐이다.
당신은 그 재능을 계속 연마해야 한다.
언젠가 재능을 구하려 하면
그것은 거기에 없을 것이다.

_어빙 베를린Irving Berlin

속도에 관한 두 가지 이야기

영국 글래스고 대학교 생물다양성 연구소에서 행한 흥미로운 실험이 〈영국왕립학회보〉에 실렸다. 가시고기의 성장속도와 수명기간의 상관관계에 관한 실험인데 먼저 가시고기 240여 마리를 두 부류로 나눴다. 한 부류는 어릴 때 성장을 억제시켰다가 이후에 따라잡도록 했다. 다른 부류는 어릴 때 성장을 촉진시키고 나중에 억제했다. 그런 후 가시고기들의 수명기간을 살펴봤는데 놀라운 사실 하나가 발견됐다. 보통 가시고기의 수명은 2년 정도(730일) 되는데 어릴 때 느리게 자란 가시고기는 약 1000일을 살았다. 가시고기의 일반 수명보다 무려 30퍼센트 이상 더 길어진 것이다. 반면 어릴 때 성장을 촉진시켰던 가시고기는 보통 수준보다 수명이 15퍼센트 정도 짧게 나왔다. 이에 연구진들은 다음과 같은 결론을 내렸다.

"어린 시절 성장 속도가 빠르면 더 많은 조직이 손상된다. 그래서 잠재적으로 수명도 줄어든다. 다시 말해서 성장이 느릴수록 오래 살 확률이 높다."

지금 우리는 뭐든지 일찍 성취하고 빨리 성공하는 것을 미덕으로 추앙하는 시대를 살고 있다. 너도나도 이른 성공에 목을 맨다. 그렇지만 어린 나이에 일찍 성공하는 것이 다 좋은 것만은 아니다. 부작용도 만만치 않다. 가치관이 제대로 형성되기 전에 얻게 된 부와 명예로 인해 자칫 만용을 자부심이라 착각할 수 있다. 다 아는 것처럼 거들먹거리고 남을 무시하고 우쭐대기도 한다. 그러다 보면 주위 사람들에게 거만하고 예의가 없다는 소리를 자주 듣게 된다. 세상살이의 다양한 경험을 알기도 전에 자만부터 배우면 그 성공은 오히려 독이 되기도 한다.

그렇다고 이른 나이에 성공한 사람들을 폄하하려는 건 절대 아니다. 그들은 칭찬받아 마땅하다. 그 성공이 필시 하늘에서 뚝하고 떨어진 게 아닐 것이기 때문이다. 남들이 놀 때 묵묵히 참아내며 피나는 노력과 열정을 쏟았기에 가능했던 결과물이기 때문이다.

누구나 다 성공을 간절히 바란다. 그것도 이왕이면 빨리 성공하고 싶어 한다. 그러나 그게 말처럼 쉽지 않다. 일찍 성공한 사람은 극히 드물고 아직 성공하지 못한 사람들이 대부분이다. 혹여 지금 성공이나 꿈을 이야기하기에는 너무 늦었다 생각하는 사람이 있다면 다음 이야기를 주목하길 바란다.

세상에서 가장 느린 책방

영국 웨일스 지방에 헤이온와이Hay-on-Wye라는 헌책방 마을

이 있다. 이 마을이 세계적으로 유명해지는 데 결정적인 역할을 한 사람이 리처드 부스다. 그는 1962년 청년 시절 고향으로 돌아왔다. 무슨 일을 할까 고민하다가 헌책방을 열기로 맘먹었다. 먼저 소방서를 사들였고 고물상에서 헌책들을 모았다. 헌책들은 수천, 수만 권이 쌓여갔고 진열할 공간이 부족해지자 버려진 집, 창고, 오래된 성 등도 사들였다. 동네 사람들은 그의 행동을 이해할 수 없었다.

"누가 책을 읽는다고 이곳에 헌책방을 열어? 몇 개월도 못 가서 문을 닫고 말거야."

그러나 그의 생각은 달랐다. 좋은 책을 많이 확보한다면 분명 사람들이 모여들 거라 확신했다. 그는 수입의 거의 대부분을 헌책을 사는 데 투자했다. 수십 년이 지났다. 지금 이곳은 어떻게 변해 있을까? 40여 개의 헌책방이 들어섰고 연간 수십만 명의 관광객이 찾고 100만 권 이상의 헌책이 팔리고 있다.

리처드 부스의 미덕은 무엇이었을까? 바로 조급함이 없었다는 것이다. 하루아침의 성공을 꿈꾸지 않았다. 노력과 열정을 멈추지 않고 지속한다면 언젠가는 성공할 거라는 확신을 가지고 있었던 것이다. 그에겐 기다릴 줄 아는 여유가 있었다. 모두가 인정하다시피 서두르다 보면 될 일도 안 되는 법이다.

왕다하이가 《상도와 인도》에서 말한 느림의 힘이다.

조용하게 천천히 기다려보라. 꽃을 가꾸는 사람은 절대로 꽃과 다투지 않는다. 꽃이 아무런 구속도 받지 않고 해를 따라 무럭무럭 자라게 할 뿐이다. 그렇기 때문에 꽃들은 자유롭게 활짝 피어날 수 있는 것이다.

　유행에 휩쓸려, 혹은 주위 사람들의 말에 휩쓸려 아무런 준비도 없이 일을 벌이는 건 위험하다. 빠른 성과를 내기 위해 아등바등할수록 오히려 그 일에 휩쓸리기 쉽다. 조급함은 실패로 가는 길이다. 때를 기다리지 못하면 실패를 자초하는 꼴이 된다. 무슨 일이든 적기에 행할 때 성공을 거두는 법이다.

뜻을 세웠으면 끝까지 도전하라

　느린 성공을 하는 사람들은 하나같이 목표와 뜻이 확고하다. 그들은 뜻만 확실하다면 늦지도 느리지도 않다고 생각한다. 그래서 그들에게 인생은 언제나 길고 기회는 여전히 유효하다. 또한 그 일을 성취할 때까지 끊임없이 도전한다.

　세계적인 패스트푸드업체인 켄터키프라이드치킨KFC의 커널 샌더스도 성공에 대한 목표의식이 남달랐다. 늦은 나이지만 성공해보겠다는 전의戰意로 65세에 창업했다. 수많은 시행착오 끝에 마침내 성공을 이룬 것이다.

흔들리지 않는 목표와 뜻이 있다면 늦었다는 말은 없다. 서른이든 마흔이든 아니면 그 이상이든 지금 목표와 뜻만 있다면 모든 게 성공으로 가는 과정일 뿐이다. 누군가 말하지 않았는가, 싸움에서 승패를 결정짓는 것은 몸집의 크기가 아니라 마음 속 전의의 크기라고. 한 언론과의 인터뷰에서 도종환 시인은 느린 성공을 가을꽃에 비유했다.

"일찍 인정받고 주목받는, 봄꽃처럼 일찌감치 화려하게 피는 삶을 사는 사람도 많아요. 나는 봄꽃이 주목받을 때 흔적도 없던, 가을꽃, 들국화 같은 사람인 거죠. 그런데 괜찮아요. 좀 늦게 피더라도 나도 언젠가는 아름다운 삶을 살아갈 것이다, 생각하면 되죠."

나이 앞에서 주눅 들지 말고 속도에 연연하지도 말고 가고자 하는 그 길을 가자. 빨리 가는 게 아니라 멀리 그리고 오래 가는 게 중요하다. 큰 그릇을 만드는 데는 시간이 오래 걸린다. 크게 될 사람은 늦게 이루어진다는 말을 믿고 지금 가는 길을 계속가라. 물론 그 가는 길에 여유와 뚝심은 필수품이니 꼭 잊지 말고 챙겨야 한다.

3

아날로그,
그때 그 시절을
소환하는 마법

———

추억이란 인간의 진정한 재산이다.
기억 속에서 인간은
가장 부유하면서도 또 가장 빈곤하다

_알렉산더 스미스 Alexander Smith

인간이 누리는 삶

언젠가 〈인간의 조건〉이란 TV프로그램의 파일럿 방송을 본 적이 있다. 여섯 명의 개그맨들이 합숙소에 모여 일주일 동안 함께 생활하는 내용인데 이때 출연자들은 휴대폰, 컴퓨터, TV 등의 디지털 제품 없이 살아야 했다. 즉 아날로그적인 삶을 사는 게 프로그램의 핵심 콘셉트였다. 출연자들은 디지털 제품 없이도 잘 지낼 수 있다며 호언장담을 했다.

그런데 첫날부터 일상이 삐걱거렸다. 담배를 피우던 사람이 어느 날 갑자기 담배를 끊게 되면 금단현상이 일어나듯 그들 역시 디지털 제품이 손에서 떠나자 곧바로 금단현상을 겪기 시작했다. 하루 종일 만지작거렸던 휴대폰이 사라지자 안절부절못했다. 어떤 이는 바지 주머니에서 울려 퍼지는 듯한 '유령진동소리'를 경험하기도 했다. 지인들과 연락할 길이 없어 순식간에 인간관계도 끊기게 되었다.

그뿐만 아니라 컴퓨터 사용도 금지당하고 보니 답답한 게 한두 가지가 아니었다. 이메일 확인은 물론 은행 업무, 정보나 자료, 궁금한 사항에 대한 검색 등을 일체 할 수 없으니 정말이지 살아 있어도 사는 게 아니었다. 일상이고 뭐고 삶 자체가 마비가 되었다. 디지털 제품을 사용할 수 없다는 게 이 정도로 불편할 줄이야. 다들 불안장애를 겪는 사람들처럼 어쩔 줄 몰라 했다.

그런데 하루가 지나고 이틀째가 되니 아날로그 생활에 조금씩 적응하기 시작했다. 사람은 적응하는 동물이라 하지 않았던가. 그들은 상황과 형편에 자신을 맞췄다. 불편하고 성가신 일이 한두 가지가 아니었지만 조금 더 움직이게 되고 조금 더 포기하니 나름 그 생활도 지낼 만했다. 아니 그 이상의 성과가 있었다. 서로 평소 하지 못했던 대화도 많이 나눌 수 있었고 라디오에 사연을 보내 흘러나오는 노래를 들으며 옛 추억에 잠기기도 했다. 궁극에 가서는 오히려 불편함 대신 편안함과 잊고 있던 감성을 발견하는 소중한 시간이 되었다.

디지털과 아날로그의 공존

이 프로그램은 디지털 시대를 살고 있는 우리에게 아날로그의 추억과 소중함을 일깨워주기에 충분했다.

그러고 보니 우리는 너무나 편리한 것, 빠른 것, 수월한 것에 길들여져 있다. 분명 긍정적인 측면이 있다. 생활의 편리와 기술과 유행의 공유로 삶에 안정감을 준다. 그러나 그러한 것들의 지나친 발전은 인간적인 것마저 디지털 세계로 던져넣게 만들었고, 결국 이는 우리 삶을 건조하게, 마음은 공허하게 하는 부작용을 낳고 말았다. 《교실 밖 펄떡이는 경제 이야기》에서 저자 이영직은 디지털과 아날로그의 속성을 이렇게 구분했다.

> 디지털은 편리함, 자동화, 기계화, 정밀함, 냉철함 등의 단어로 표현한다면 아날로그는 단순함, 그리움, 기다림, 자연적인 것, 연속적인 것을 상징한다. 디지털이 기계적인 차가움이라면 아날로그는 종이 냄새, 사람 냄새 나는 정이다.

그래서 그런지 몰라도 디지털 제품이 발전하면 할수록 아날로그적 상상이나 제품이 사라지는 게 아니라 오히려 '추억'과 '인간미'에 대한 소구가 더 강해지고 있다.

영화 〈건축학개론〉이 인기를 끌게 된 이유도 아날로그에 대한 향수가 큰 몫을 했다. 영화 속 배경은 1990년대다. 주인공 남자와 여자의 풋풋한 사랑 이야기가 주류를 이루고 있다. 극적인 장면이나 반전적인 사건이 없어 다소 밋밋하다. 그럼에도 불구하고 400만이 넘은 관객을 동원했다.

그렇게 많은 관객을 동원할 수 있었던 힘은 무엇일까? 바로 아날로그에 대한 향수다. 첫사랑에 대한 아련함도 큰 몫을 했고 그 당시 유행했던 팝송이나 가요 그리고 마이마이, CD 플레이어, 필름 카메라, 삐삐 등 추억을 자극하는 소품들이 사람들의 아련한 향수를 자극했다.

아날로그 마케팅

아날로그에 대한 향수는 마케팅에서도 큰 힘을 발휘한다. 정해승은 《킬러 콘텐츠 승부사들》에서 아날로그의 힘, 추억의 힘을 보여준 사례를 소개하고 있다.

■ 2009년 삼성전자와 함께 '메모리즈'라는 MP3플레이어를 출시한 적이 있다. 삼성전자의 MP3플레이어에 올드팝, 1960~1970년대 가요, 1980~1990년대 가요, 트로트, 클래식, 신곡 등을 적절히 구성해 총 500곡을 탑재, 출시한 상품이다. 노래방과 라디오 기능이 있으며 기기 안에 노래방 가사집처럼 가사앨범을 별도로 수록하기도 했다. 20만 원이 넘는 고가임에도 불구하고 메모리즈는 추석과 어버이날에 많이 팔려나갔다.

아날로그 방식은 사람의 마음을 얻기에 아주 유용하다. 교보생명 재무설계사인 지연숙 명예상무가 보험왕의 전설을 이어갈 수 있었던 비법은 바로 '손편지'였다. 그는 한 달에 많게는 1000여 명의 고객에게 손편지를 보낸다. 물론 딱딱하거나 상업적인 글은 최대한 배재한다.

"오늘은 유난히 날씨가 춥네요. 며칠 전에 건강검진을 받았는데 오늘 그 결과를 들으러 병원에 갑니다. 무척 긴장이 됩니다. 아무 일 없어야 할 텐데 나이를 먹다 보니 걱정만 앞서네요. 고객님도 늘 건강하시고 오늘도 행복한 하루 보내세요. 또 편지 올리겠습니다."

그간 그가 고객에게 보낸 손편지가 10만 통이 넘는다. 마음이 담긴 그 편지가 고객의 마음을 움직였고 그래서 보험왕의 전설이 된 것이다.

아름다운 그때 그 시절로

인간에게 있어 추억은 아름다운 기억이다. 또한 되돌아갈 수 없는 시절이기에 더더욱 애틋하다. 옛날 어머니의 손맛이 그리운 것도 다 추억의 힘이다. 라면 하나만 봐도 그렇다. 반듯하고 세련된 꽃무늬가 그려진 냄비에다 끓이는 라면과 찌그러지고 묵은 때가 꼬질꼬질 끼어 있는 듯한 양은냄비에 끓인 라면은 천지차이다. 당연히 양은냄비에 끓인 라면이 맛있다. 그리고 냄비 뚜껑에 라면을 덜어 먹어야 더 맛이 난다. 물론 어떤 냄비로 끓여 먹든 라면 맛의 차이는 크게 다르지 않다. 그러나 양은냄비라는 그 아련한 추억이 더해지면 맛이 깊어지고 마음 또한 따뜻해진다.

인간은 합리적이고 이성적인 동물이다. 그러나 거부할 수 없는 사실 하나가 또 있다. 지극히 감성적이고 낭만적이라는 측면을 가지고 있다는 것이다. 우리가 300원짜리 자판기 커피 대신 굳이 커피전문점에서 5000원에 가까운 커피를 마시는 이유는 뭘까? 합리적이고 이성적인 관점에서 보면 절대로 이해할 수 없다. 그럼에도 불구하고 그 비싼 커피를 마시는 이유는 감성과 낭만을 충족시켜주기 때문이다. 이국적이고 편안한 느낌 그리고 다정한 사람과 마주앉아 사람 냄새를 나눌 수 있기에 기꺼이 그 값을 지불하는 것이다.

기술과 과학이 점점 발달할수록 아날로그에 대한 그리움은 더욱 깊어질 것이다. 당신도 잠시 디지털 제품을 내려놓고 옛 추억, 옛 그리움, 옛 사랑으로 여행을 떠나보는 건 어떨까.

아날로그의 기본 원리, 엘피판 제작과정, 텐테이블 등의 오디오나 아날로그 시스템에 관심이 있는 사람들이라면 《아날로그의 즐거움》이란 책을 옆구리에 끼고 엘피판의 음률이 흐르는 옛날 다방을 한번 가보자. 디지털처럼 음질이 선명하진 않지만 지지직 카트리지 바늘 소리를 내며 스피크를 통해 나오는 둔탁하고 투박한 소리가 당신의 마음을 편안하게 만들어줄 것이다.

손편지도 한번 써보자. 휴대폰으로 문자를 나누는 것보다 훨씬 더 마음을 전하기 편하고 진실을 담기에도 좋고 정성과 사랑의 증표로도 충분하다. 손편지가 오가는 사이 분명 서로의 마음에 쌓여 있던 담벼락이 하나둘 무너져 내려 더 가까워질 수 있는 계기가 마련될 것이다.

4

감사는
기적을 부르는 주문

―――

감사하는 마음을 가지면 부가 생기고,
불평하는 마음을 가지면 가난이 온다.
감사하는 마음은 행복으로 가는 문을 열어준다.
감사하는 마음은 우리를 신과 함께 있도록 해준다.
늘 모든 일에 감사하게 되면 우리의 근심도 풀린다.

_존 템플턴 John Templeton

그 아이는 어떻게 되었을까?

한 흑인 여자가 있다. 그녀는 가난한 미혼모에게서 태어났다. 아홉 살 어린 나이에 성폭행을 당했고 이어 열네 살 때도 똑같은 악몽을 겪었다. 그로 인해 임신을 했고 아이를 낳았지만 아이는 얼마 지나지 않아 죽었다.

한때는 알코올 중독에 빠졌고 이어 마약에까지 손을 댔다. 인생은 나락으로 곤두박질쳤다. 삶의 유일한 희망은 자살뿐이라는 착각 속에서 불안한 하루하루를 보냈다. 삶의 의욕과 의미도 사라진 지 오래고 몸무게는 110킬로그램까지 늘어났다. 몸과 마음 어느 하나 성한 것이 없었다. 숨만 붙어 있을 뿐 이건 살아 있는 게 아니었다.

이 여자의 미래는 어떻게 되었을까? 대부분은 이렇게 예상할 것이다. 나쁜 길로 빠졌거나 정신병원에서 허송세월을 보내거나 아니면 자살로 이 세상과 이별했거나. 그러나 예상과는 달리 잘살고 있다. 잘사는 정도가 아니라 그녀는 많은 세상 사람들로부터 인기와 존경과 사랑을 받고 있다. 눈치 빠른 사람은 그녀가 누구인지 진작 알아차렸을 것이다. 그녀는 바로 전 세계적으로 유명한 토크쇼의 여왕 '오프라 윈프리'다.

현재 그녀의 영향력은 어마어마하다. 그녀가 추천한 책은 순식간에 최고의 판매고를 올리고 그녀가 도움의 손길이 필요하다고 지정한 곳에는 삽시간에 수많은 기부금이 모인다. 그리고 성공은 환경의 영향보다 개인의 노력에 의해 좌우된다는 '오프라이즘Oprahism'이란 신조어를 탄생시키기도 했다. 그녀는 명예와 성공만 얻은 게 아니라 세계적인 부자들 중 한 명이기도 하다. 2조 원이 훌쩍 넘은 돈을 소유하고 있다.

감사의 기적

절망의 늪에 삶의 대부분이 잠겨버린 그녀가 어떻게 최고의 자리에 오를 수 있었을까? 꿈, 노력, 인내, 희망, 기회, 공부 등 성공 요인들이 많이 있었겠지만 그녀가 자신의 성공 요인들 중에서 빼놓지 않고 말하는 게 있다. 그건 바로 '감사의 마음'이다. 감사의 마음이 어떻게 그녀의 인생에 영향을 끼친 걸까?

자기계발 분야의 선구자 중 한 명인 월러스 워틀스는 《소중한 나를 부자로 만들어주는 지혜》에서 감사의 강력한 파워에 대해 이렇게 말하고 있다.

우리 내면에는 창조적 힘이 존재하는데, 그 힘은 우리가 집중하고 관심을 기울이는 대상과 비슷해지도록 만든다. 우리는 생각하는 물질이다. 그리고 생각하는 물질은 언제나 그것이 생각하는 바대로 형태를 취한다. 감사하는 사람은 언제나 훌륭한 것에 마음을 집중하므로 훌륭한 존재로 변화해간다. 그는 훌륭한 존재의 형태와 특성을 취하고, 결국엔 훌륭하고 좋은 것들의 주인이 된다.

또 한 가지 중요한 점은 신념이 감사에서 생겨난다는 사실이다. 감사하는 사람은 언제나 좋은 것들을 예상하고 기대하며, 그러한 기대는 결국 신념이 된다. 감사가 가져오는 중요한 결과는 신념을 형성시킨다는 것이다. 감사하는 마음의 물결이 출렁일 때마다 그에 따라 신념도 강해진다. 감사를 모르는 사람은 신념을 오래 지킬 수 없다. 그리고 앞으로 살펴보겠지만, 진정한 신념이 없는 사람은 창조적인 방식을 통해 부자가 될 수 없다.

그렇다. 오프라 윈프리는 감사의 마음을 갖고 있었기에 한때 방황도 했지만 잘 극복할 수 있었다. 주어진 환경과 현실에 불만을 쏟아내는 대신 오히려 그것을 꿈과 성공을 더더욱 열망하게 하는 자극제로 삼은 것이다. 감사의 힘이 얼마나 위대한지를 그녀 자신은 이미 깨달았던 것 같다. 그녀가 '감사노트'를 작성한 것도 다 그런 이유에서다.

새로운 프레임으로 전환

오프라 윈프리는 하루하루를 보내면서 감사해야 할 일에 대해 적었다. 감사의 내용이란 게 특별한 건 아니었다. 아침에 눈을 뜰 수 있다는 사실에 감사, 맛있는 음식을 먹은 것에 대해 감사, 친구에게 화를 내지 않았던 자신에게 감사, 우울했던 마음을 환하게 바꿔준 푸른 하늘에게 감사 등을 적었다.

그 감사노트의 효과는 대단했다. 자신이 얼마나 행복한 사람이고 무엇을 갈망하고 무엇이 되고 싶고 인생에 있어서 소중한 것이 무엇인지를 깨닫게 해주었다. 그래서 그녀는 이전의 삶과는 전혀 다른 새로운 프레임으로 갈아탈 수 있었다.

오프라 윈프리처럼 우울했던 과거를 청산하고 새로운 삶을 살고 있는 또 한 명의 인물이 있다. 그 역시 새롭게 재기할 수 있었던 요인을 '감사노트'로 꼽고 있다. 교도소를 떠돌던 마약 중독자에서 세계적인 리더십 코치가 된 미아 퇴르블롬이 그 주인공이다. 그는 저서 《자기긍정파워》에서 자신이 적은 감사 목록을 선보였는데 몇 개를 추려 소개하겠다.

■ 두려움에 떨지 않고 강의를 시작할 수 있었던 것에 감사합니다.

오늘 많은 이들을 상담할 수 있었던 것에 감사합니다.
일을 하며 훌륭한 사람들과 만날 수 있었던 것에 감사합니다.
가족과 함께할 수 있는 것에 감사합니다.

그는 힘든 일을 겪을 때도 감사목록을 작성했다.

이 지긋지긋한 하루가 끝난 것에 감사합니다.
용서할 줄 아는 것이 감사합니다.
실수에 감사합니다. 실수를 통해 진정으로 배우고 발전할
수 있는 기회를 갖게 되었습니다.
친구들이 '그럴 줄 알았어!'라고 말하지 않는 것에 감사합니다.

이렇게 매사에 감사하며 긍정적인 마음으로 사는데 어찌 신
이 그의 삶을 외면하겠는가. 그들은 감사의 힘으로 인생을 자
기편으로 만든 것이다.

윌 톰슨의 터닝포인트

감사의 힘은 계속된다. 감사의 마음을 품은 뒤로 인생이 바
뀐 또 한 명의 사례가 있다. TV 진행자로 유명한 데보라 노빌

이 쓴 《감사의 힘》에는 감사의 삶을 실천한 평범한 사람들의 사례가 여럿 소개되는데 그중 하나다.

월 톰슨은 동네 건달에 지나지 않았다. 빈둥대기 일쑤고 꿈이라고 해봤자 고작 오토바이 한 대를 갖는 것이었다. 오토바이 뒤에 여자를 태우고 밤거리를 달리고 싶었던 게 이유다.

그는 오토바이를 구입하기 위해 패밀리 레스토랑에 웨이터 보조로 들어갔다. 정식 직원도 아니고 보조라는 말에 친구들은 놀려댔다. 물론 월 자신도 자존심이 상했다. 그렇지만 오토바이를 사기 위해선 어쩔 수 없었다. 일해본 경력이 없다 보니 주문을 어떻게 받아야 할지 접시는 어떻게 들어야 할지 난감했다. 그래도 눈썰미가 좋아 선배들의 노하우를 금세 터득할 수 있었다. 쉬는 시간에는 동료들과 휴게실에서 어울렸는데 동료들은 하나같이 사장 흉을 보거나 손님 욕하는 걸로 시간을 보냈다.

그러던 어느 날, 다른 동료가 손님과 말다툼을 했고 그 일 때문에 종업원 모두가 지배인으로부터 잔소리를 들어야 했다. 1시간 넘게 계속되는 잔소리에 몇몇 종업원은 하품을 해댔다. 그런데 그 잔소리가 월에게는 큰 자극이 되었다. 지배인의 메시지는 명료했다. 손님이 없으면 이 가게도 없고 그러면 우리도 돈을 벌 수 없다! 그러니 손님에게 친절해야 한다! 그 순간 월은 깨달았다. 손님에게 친절하게 대하는 게 곧 나 자신을 위한 일이라는 걸.

그 후로 월은 손님에게 늘 감사의 마음을 표시했다.

"손님, 불편한 점 없으세요? 오늘도 이렇게 찾아주셔서 감사합니다. 정말로 감사합니다."

그때부터 감사의 놀라운 힘이 월의 인생을 변화시켰다. 손님이 뽑은 친절직원에 매달 선정되어 레스토랑 사장에게 인정을 받았고 사장의 배려로 대학에서 공부도 할 수 있었다. 그리고 돈을 모아 경영대학원까지 마쳤고 결혼도 하게 되었다. 월의 기적은 거기서 끝나지 않았다. 대기업으로부터 스카우트 제안을 받았고 대기업에 취업한 월은 그곳에서도 인정을 받아 승승장구했다. 전용비행기를 타고 미국 전역을 돌며 출장을 다니고 주말에는 오토바이가 아닌 최고급 스포츠카를 타고 여가를 즐기기에 이르렀다.

월의 인생역전, 놀랍지 아니한가? 이 모든 기적은 바로 감사의 마음에서부터 시작된 것이었다.

햇살에게도, 바람에게도 감사하자

감사하는 사람과 감사가 없는 사람의 차이는 생각과 인식이다. 감사하는 사람은 삶의 긍정적인 면, 아름다운 면, 희망적인 면을 보지만 그렇지 않은 사람은 부족한 면, 초라한 면, 절망적인 면만 본다.

아무리 좋은 환경, 좋은 조건, 좋은 인맥이 있으면 뭐하겠는가. 감사의 마음이 없으면 그 사람은 절대 행복해질 수 없다. 혹여 지금 어려운 상황에 놓여 있다면 감사의 마음으로 극복해보자. '이 정도라서 그나마 다행이다'라는 생각으로 불평하지 않고 현실을 냉정하게 보고 기꺼이 받아들이자. 욕심내지 말고 비교하지 말고 염려하지 말고 시기하지 말고 당신에게 주어진 시간, 공간, 사람, 생활에 만족하며 감사하자.

생각해보면 우리는 감사할 조건이 주어지기 전까지는 감사의 마음이 없었던 것 같다. 그런데 한번 돌이켜보자. 정말로 감사할 조건이 없었던가. 그렇지 않다. 모든 것이 다 감사할 조건이었다.

오늘부터 감사할 것들을 하나하나 감사노트에 적어보자.

나 스스로에게 감사할 일, 오늘 만난 사람에게 감사할 일, 가족에게 감사할 일, 나를 힘들게 했던 일에 대해 감사할 일, 작지만 소중한 기회에 감사할 일 그리고 아침에 눈을 떴을 때 창가에 드리운 햇살에게도, 바람에게도, 하늘에게도 감사할 일을 찾아 적어보자.

감사노트에 감사할 일이 차곡차곡 쌓였다면 분명 당신의 인생은 그만큼 달라졌을 것이다. 불행이 행복으로, 절망이 희망으로, 미움이 사랑으로, 짜증이 즐거움으로 바뀔 것이다.

미룰 필요 없다. 주저할 필요 없다. 쑥스러워할 필요 없다. 지금 당장 감사노트의 첫 페이지를 써보는 건 어떨까.

5

눈앞의 먹잇감에
마음 뺏기지 않을
용기

하늘에 매가 떠 있다는 사실을 잊고,

눈앞의 이익을 좇아 동분서주하는 동물만

매의 사냥감이 된다.

_타고 아키라多湖輝

눈앞을 볼 것인가 먼 곳을 볼 것인가

'갈택이어竭澤而漁'라는 사자성어가 있다. 연못의 물을 말려버린 후 물고기를 잡는다는 뜻이다. 즉 눈앞의 이익을 얻기 위해 먼 장래를 생각하지 않음을 의미한다. 이 말은 중국 진나라 재상 여불위가 식객 3000명을 시켜 편찬한 사론서史論書인 《여씨춘추呂氏春秋》에서 유래되었다.

중국 춘추시대 진나라의 군주 문공은 초나라와 맞부딪히게 되었다. 그런데 초나라를 상대로 전쟁에서 이기기란 쉬운 일이 아니었다. 초나라의 국력이 막강했기 때문이다. 문공은 전략가인 호언에게 자문을 구했다.

"우리의 군사력으로는 초나라를 이겨낼 재간이 없소. 뭐 좋은 방법이 없겠소?"

"속임수를 쓰면 됩니다. 전쟁에서 중요한 건 예의가 아니라 승리입니다. 어떻게든 이기면 그만입니다."

이번에는 이옹에게 자문을 구했다.

"이옹, 자네에겐 뭐 좋은 방법이 있소?"

이옹은 호언과 상반된 의견을 내놨다.

"속임수는 옳지 않습니다. 연못의 물을 모두 퍼내면 당장은 물고기를 잡을 수 있습니다. 또한 산의 나무를 모조리 태우면

낭장은 산짐승을 잡을 수 있습니다. 그러나 그 방법은 썩 좋지 않습니다. 속임수를 써서 지금의 위기를 넘긴다 해도 그건 임시방편일 뿐 근본적인 해결책은 아닙니다. 근본적인 해결책을 강구하는 게 좋을 것입니다."

대부분 사람들이 당장의 이익을 좇는다. 그도 그럴 것이 경쟁에서 이기기 위해서는 눈에 띄는 성과를 내야 하고 또한 생존하기 위해서는 하나라도 더 빨리, 더 많은 것을 확보해야 하기 때문이다. 훗날을 기약할 겨를이 없다. 지금이 중요하다고 생각한다.

그런데 정말 눈앞의 이익만을 생각하는 게 옳은 걸까? 당장의 이익도 중요하지만 자칫 눈앞의 먹잇감에 정신이 홀려 더 큰 보물을 얻을 수 있는 기회를 놓치는 건 아닌가 생각해볼 문제다.

달콤한 유혹 앞에 선 나

야스다 요시오는 《만원짜리는 줍지 마라》에서 달콤한 유혹에 빠지지 말고 조금 멀리 보라고 당부한다.

▨ 성공한 사람이 만 원짜리를 굳이 줍지 않는 이유는 무엇일

까? 성공한 사람들은 항상 만 원짜리보다 훨씬 가치 있는 일에 관심을 두고 있기 때문이다. (…) 복싱의 세계에서는 코치들이 "저 링 안에는 눈에 보이지 않는 엄청난 돈다발이 묻혀 있다"는 말을 해가며 선수들을 훈련시킨다. 인생도 마찬가지다. 우리가 보지 못할 뿐 주변을 살펴보면 어마어마한 보물들이 묻혀 있다.

조금 편안해지자고, 조금 이익이 된다고 황금 거위의 배를 가르는 어리석은 행동을 해선 안 된다. 뭐든지 성급하면 일을 그르치게 된다. 보이는 것에 집착하지 말고 보이지 않는 더 큰 보물에 시선을 둬야 한다. 낮게 나는 새는 멀리 볼 수 없다. 바로 눈앞에 보이는 땅이 전부다. 그러나 높이 나는 새는 멀리 본다. 세상을 보다 더 넓게 보고 인생을 보다 더 멀리 봐야 한다. 인생은 단거리 경주가 아니고 긴 마라톤 경기이기 때문이다.

'투자의 귀재', '오하마의 현인'으로 알려진 세계적인 부자 워런 버핏도 아주 오래전에 멀리 보지 못해 투자에 실패한 경험이 있다.

열한 살 버핏은 누나와 함께 '시티스서비스'의 우선주를 각자 3주씩 주당 38달러에 샀다. 운 좋게도 얼마 되지 않아 40달러까지 올랐다. 그 약간의 이익에 마음을 빼앗긴 버핏은 급히 주식을 팔았다. 그런데 그 주식은 오래되지 않아 200달러까지 치솟았다. 더 많은 이익을 챙길 수 있었는데 그 조급함 때문에 잃고 만 것이다. 그 일이 있은 후 버핏은 깨달았다. 눈앞의 이익보다 더 큰 보물을 볼 줄 알아야 함을.

장자의 깨달음

중국을 대표하는 사상가이며 지금도 많은 이들로부터 추앙받고 있는 장자 역시 한때는 앞만 보고 달리는 경주마처럼 협소한 시각 때문에 낭패를 본 적이 있다.

볕이 좋은 어느 날, 장자는 사냥을 나갔다.

"토끼라도 한 마리 잡아야 할 텐데 개미 하나 보이지 않네."

사냥을 시작한 지 꽤 시간이 지났지만 아무런 수확이 없었다. 그런데 그때 날개가 일곱 자나 되고 눈은 한 치나 되는 큰 까치 한 마리가 밤나무 숲으로 날아들었다.

장자는 조용조용 숲으로 들어가 까치에게 화살을 겨눴다. 그런데 까치를 자세히 보니 까치는 사마귀를 노리고 있었다. 사마귀는 까치가 자신을 노리고 있는 줄도 모른 채 나무에 붙어 있는 매미를 노리고 있었다.

장자는 문득 깨닫는 바가 있었다.

144

"눈앞의 것만 보니 자신이 죽는 줄도 모르는구나."

장자는 사냥을 그만두고 밤나무 숲을 빠져나왔다. 그런데 숲지기가 그를 잡으려고 쫓아오면서 욕설을 퍼부었다. 장자를 도둑으로 오인한 것이다. 장자 역시 까치 사냥에 정신이 팔려 숲지기가 오는 것을 보지 못했던 것이다.

눈앞의 이익에 눈이 멀면 판단력과 분별력이 흐려진다. 그럼 결과적으로 큰 이익을 취할 수 없거나 손해를 보게 된다. 그래서 한 걸음 물러나 바라보는 마음의 여유가 필요한 것이다.

마시멜로, 유혹일까 기회일까

인생을 살다 보면 선택의 순간이 찾아온다. 이 세상에 완벽한 선택이란 없다. 어느 것을 선택하든 장단점이 있기 마련이다. 그렇지만 선택 앞에서는 신중해야 한다. 충동적이지 않고 조금 더 앞을 내다볼 수 있는 통찰력이 필요하다.

호아킴 데 포사다가 쓴 《마시멜로 이야기》에 이런 대화가 나온다.

"눈앞의 마시멜로에 연연해 일회성 고객에게 매달리면 정녕 성공할 수 없다네. 힘이 들더라도 더 크고, 더 중요한 고객을 처음부터 악착같이 찾아나서야 하네."

"맞아요. 저도 평소 자주 만나지도 않던 친척들이 찾아와 보험을 들라고 성화를 부리는 바람에 약관도 보지 않고 보험을 들었다가, 몇 번 붓고는 곧 해약하고 말았던 경험이 있습니다. 흠…… 그렇군요. 이 또한 성공의 마시멜로를 갖지 못하는 사람들의 대표적인 실패사례이군요."

"그렇다네. 우리는 다른 사람들이 전혀 생각지 않는 곳에서 중요한 고객들을 창출했다네."

'마시멜로에 관한 실험'은 아주 유명하다. 미국의 스탠퍼드 대학교 월터 미셸 교수는 4세 아이들 600명에게 달콤한 마시멜로 과자를 하나씩 나눠줬다. 그리고 방안에 홀로 남겨뒀다.

"15분 동안 이 마시멜로를 먹지 않으면 한 개를 더 줄게."

홀로 남겨진 아이들의 반응은 각각 달랐다. 먹고 싶은 욕구를 참지 못하고 바로 먹는 아이가 있는가 하면 10분 정도 참다가 결국 먹고 마는 아이도 있고 욕구를 참아보려고 노래를 부르거나 혼잣말을 중얼거리는 아이도 있었다.

세월이 흘러 미셸 교수는 성인이 된 그 아이들을 대상으로 추적 조사를 진행했다. 그런데 놀라운 결과가 나왔다. 곧바로 마시멜로를 먹었던 아이들은 대체적으로 화를 잘 내거나 약물

중독, 비만, 사회 부적응 등의 문제를 가진 어른으로 살았고 반대로 마시멜로 두 개를 얻은 아이들은 자기 확신이 강하고 좌절에 대한 대처 능력도 뛰어나고 대체적으로 성공한 인생을 살고 있었다.

호아킴 데 포사다 작가는 한 언론과의 인터뷰에서 이렇게 말한 바 있다.

"마시멜로 원칙에서 가장 중요한 건 '미래를 보는 긴 안목'입니다. 지금 당장이 아니라 몇십 년 뒤의 내 모습을 떠올려야 합니다. 네 살배기 어린아이들도 정확히 꿰뚫고 있는 성공의 원칙을 여러분은 실천만 하면 되는 겁니다."

지금 당신의 눈앞에 먹잇감이 있다. 그 작은 즐거움과 욕구를 선택할 것인가 아니면 먼 훗날 성공이라는 값진 보물을 선택할 것인가에 대해선 이미 당신이 그 답을 알고 있다. 조금 더 견디고 조금 더 준비하고 조금 더 기다리기 바란다.

4장

인간관계가 황폐해질 땐,

먼저 줘야 할 시간

1

받기 전에
먼저 주기

———

더 좋은 것을 얻기 위해서는
좋은 것을 기꺼이 포기해야만 합니다.

_케니 로저스 Kenny Rogers

미션 수행을 누가 가장 먼저 할까?

만약에 이런 미션이 있다고 하자.

미국 전역에 흩어져 있는 빨간색 풍선(기상 관측 기구) 10개를 찾아라. 성공한다면 상금 4만 달러의 거금이 당신의 차지가 된다. 물론 이건 속도의 경쟁이다. 다른 사람이 찾기 전에 먼저 찾아야 승자가 될 수 있다. 지금 당장 시작하라!

당신에게 이 미션이 주어졌다면 어떻게 하겠는가? 곧바로 포기 선언은 하지 않을 것이다. 4만 달러가 눈앞에서 어른거리는데 어찌 포기하겠는가. 그렇다면 어떻게 해야 할까? 다급한 일이다. 망설일 시간이 없다. 자칫 꾸물거렸다가는 1등을 다른 사람에게 빼앗길 수 있다. 지금 당장 빨간색 풍선을 찾기 위해 뛰어다니든지 아니면 그것을 찾아낼 수 있는 기발한 아이디어를 떠올려야 한다.

사실 혼자서 찾아 나선다는 건 불가능한 일이다. 슈퍼맨도 아니고 그 넓은 미국 전역을 혼자서 어찌 감당할 수 있겠는가. 혼자서는 불가능하다면 타인의 힘을 이용할 수밖에 없다.

여기서 또 고민이 시작된다. 어떻게 해야 타인의 힘을 효과적으로 활용할 수 있을까. 아마도 그 방법을 빨리 찾아내는 게 이 미션 승패의 관건이 될 것이다.

그런데 그 방법을 아는 사람들이 있다. 바로 미국 매사추세츠공대MIT연구팀이다.

실제로 이 연구팀은 미 방위고등연구계획국DARPA이 개최한 이 '네트워크 챌린지'에서 100여 개 팀 가운데 1위를 차지해 거금의 상금을 손에 쥐었다. 참여한 다른 팀보다 빠르게 빨간 풍선을 찾아낸 것이다.

어떤 팀은 상금을 타면 전액 좋은 곳에 기부하겠다는 계획을 밝히고 풍선의 위치나 좌표를 알려줄 사람들을 모았다. 또 다른 팀은 트위터나 페이스북 등 SNS를 최대한 활용해 찾으려 했다. 또 다른 팀은 내비게이션 활용과 인맥을 활용했다. 그러나 그다지 효과가 없었다. 처음에는 사람들이 적극적으로 호응하는 듯했으나 시간이 지날수록 시들어졌다.

그렇다면 MIT연구팀은 어떤 방법으로 타인의 힘을 효과적으로 이용했던 걸까? 아주 간단했다. 그 방법은 '보상'이었다. 연구팀은 다음과 같이 공표했다.

"빨간색 풍선 하나 당 가장 먼저 그 위치를 알려준 사람에게 2000달러를 주겠습니다. 그리고 빨간 풍선을 찾는 데 간접적으로라도 도움을 준 사람에게도 일정 금액의 보상을 해주겠습니다. 어서 서둘러주세요."

보상의 효과는 놀랄 만큼 컸다. 지원자들이 순식간에 몰려들었고 실제로 그들은 빨간색 풍선을 찾는 데 시종일관 적극적인 자세로 임했다. MIT연구팀은 대회가 시작된 지 불과 8시간 52분 만에 기구 10개를 모두 찾아내 1등을 차지했다. 만약 연구팀마저도 보상을 내걸지 않았다면 아마도 빨간색 풍선은 지금까지도 미국 전역을 두둥실 떠다니고 있을 것이다.

보상의 원리, 주는 것이 있어야 받을 수 있다

이 사례를 통해 알 수 있듯이, 칭찬이 고래를 춤추게 하는 것과 마찬가지로 적절한 보상이 사람을 움직이게 한다. 이 보상 심리에는 일종의 '기브앤테이크Give&Take' 정신이 내포되어 있다. 아무리 작은 노동이라도 그에 상응하는 대가를 치러야 한다. 그래야 보다 더 큰 효과를 얻을 수 있는 법이다.

누군가가 당신에게 무언가를 줬다고 한다면 그 사람은 분명 다른 무언가를 얻길 원한다. 설령 그 사람이 아무것도 바라지 않고 선의의 마음으로 줬다고 해도 어느 정도의 대가는 치러야 한다. 그렇게 해야 하는 이유는 준다는 것에는 '곧 있으면 받겠구나' 하는 기대감이 이미 내재되어 있기 때문이다. 물질적 혹

153

은 금전적인 보상이 아니더라도 적어도 감사의 표현 정도는 반드시 해야 한다. 《부의 법칙》에서 캐서린 폰더는 다음과 같이 말했다.

보상의 원리가 인생의 기본 원리라고 강조한 에머슨의 생각에 나도 동의한다. 나는 이 부의 기본 원리를 '발산'과 '흡수'라고 표현하고자 한다.
그러니까 자신의 생각과 감정, 상상을 외부 세계로 발산하면 그 결과를 고스란히 실제 삶과 일 속으로 끌어들이게 된다는 뜻이다. 원인이 있기에 결과가 있고 주는 것이 있기 때문에 받을 수 있다. 즉 아무 노력도 하지 않고 거저 얻을 수는 없는 것이다.

이 세상에 태어난 이상 주는 만큼 받는 '기브앤테이크' 공식에서 벗어날 수 없다. 오는 게 있으면 가는 게 있는 법이다. 좀 냉정하고 인간미 없게 느껴질지 모르겠지만 이게 엄연한 현실이며 어쩌면 더 합리적인 방법인지도 모른다. 주는 사람은 받을 것이 있으니 손해라는 생각이 들지 않고 받은 사람은 줘야 할 게 있으니 덜 미안하다. 주고받는 것이 어느 정도 균형이 맞아야 관계가 별 탈 없이 유지될 수 있다.

기브앤포켓 Give & Forget

'기브앤테이크'가 비즈니스나 인간관계에 필요한 요소이긴 하나 그 단계를 뛰어넘는 성공 기술이 있다. 남에게서 얼마나 얻을 수 있는가를 생각하는 것이 아니라 남에게 얼마만큼을 줄 수 있는가를 먼저 생각하는 것이다. 누군가가 자신에게 호의를 베푸는데 싫어할 사람은 아무도 없기 때문이다. 베푸는 게 곧 얻는 것이다. 저널리스트인 마이클 엘스버그는《졸업장 없는 부자들》에서 먼저 주기에 대해 이렇게 강조하고 있다.

사랑을 더 많이 받으려면 어떻게 해야 할까? 사람들에게 찾아가 사랑을 많이 달라고 구걸하고 애원하면 되는 걸까? 상대가 매우 불안정한 사람이라면 이런 방법이 일시적으로 통할 수도 있다. 물론 당신이 원하는 사랑이 애정결핍에 의해 주어지는 절박하고 차원 낮은 사랑이라면 말이다. (…) 주위의 모든 사람들에게 폭넓고 관대하게 베풀어라. 그러면 어떤 방식으로든 보상이 있을 것이다. 무언가를 받기 위해서는 먼저 줘야 한다. 왜 그런지는 나도 모르겠지만 경험상 그렇다. 가치 있는 다른 모든 것들도 마찬가지다. 가치를 얻으려면 가치를 줘라.

일본의 심리학자인 간바 와타루 역시 《운명을 바꾸는 7가지 성공법칙》에서 이렇게 말했다.

■ 친절을 베풀면 언젠가는 돌고 돌아서 자신에게로 되돌아온 다. 친절을 베푼다는 것은 스스로도 기분 좋은 일이며, 자 신의 마음에 여유가 있음을 확인할 수 있는 일이다. 자신이 가능한 범위 안에서 친절하게 하자. 단지 이것만으로도 인 간관계는 더욱 좋아지고 운도 활짝 열릴 것이다.

당신도 뭔가 얻길 원한다면 이제는 얻기 전에 먼저 줘라. 먼 저 얻고 나중에 주려고 하다 보니 관계가 삐걱거리는 것이다. 먼저 줘야 반대급부도 당신에게 돌아온다.

주는 게 곧 얻는 것이다. 선물이든 식사대접이든 사랑이든 친절이든 격려의 말이든 하다못해 자판기 커피 한 잔이라도 먼 저 호의를 베풀어라. 기브앤테이크의 생각은 잠시 미루고 기브 앤포겟Give&Forget으로 대해보자. 말 그대로 베푼 후 잊어버리는 것이다. 그럼 기대하지도 않았던 보상에 2배 더 큰 기쁨을 누 릴 수 있을 것이다.

2

그에게는
그 한 마디가
운명이었다

―――

말도 아름다운 꽃처럼
그 색깔을 지니고 있다.

_E. 리스E. Liss

그 말 한 마디의 영향력

"이 xx 같은 놈! 너 그럴 줄 알았어. 넌 절대 안 돼!"

아침부터 심한 욕과 함께 부정과 저주의 말을 들었다 치자. 기분이 어떻겠는가? 당연히 그날 하루는 망쳤다고 볼 수 있다. 그런데 단지 그 하루만 망칠 걸로 끝날까?

그렇지 않다. 이미 그 사람과의 관계가 어긋났기 때문에 그 사람의 얼굴을 볼 때마다 괴로울 것이고 심장이 벌렁거려 혈압이 올라갈 것이다. 괜히 주눅 들고 가슴속엔 어느새 복수심이나 미움의 싹이 쑥쑥 자라게 된다. 그 모든 것들은 스트레스로 이어져 자칫 몸에 큰 이상이 찾아올 수도 있다.

이처럼 욕 한 마디로 인해 걷잡을 수 없는 수렁에 빠질 수 있다. 이와 반대로 작은 격려나 칭찬 역시 우리 인생에 큰 영향을 미칠 수 있다. 운명을 바꿔놓을 수도 있다는 말이다.

교육자이며 심리학 박사인 할 어반은 《긍정적인 말의 힘》에서 말이 갖는 힘에 대해 말하고 있다.

한 가지 진실은 변하지 않았다. 50년 전에 그랬듯 현재도 '말이 가진 힘'은 정말 중요하다는 것. 우리는 여전히 그 사실을 깨닫지 못하고 있고 오히려 더 많이 잊어버리며 살고 있다. 그 이유는 무엇일까? 아마도 우리가 말을 너무나 '당연한 것'으로 받아들이기 때문이 아닐까? 말은 언제부턴가 우리가 원할 때면 언제든 접근해서 사용할 수 있는 도구가 되었다. 언제든 사용할 수 있고 또 너무 자주 사용하기 때문에 우리는 판에 박힌 말을 사용하는 데 익숙해져 있다. 그리고 우리가 하는 말이 미치는 영향에 대해선 전혀 생각해보지 않은 채 먼저 내뱉어버리기도 한다. 그러나 우리가 가진 말이 얼마나 큰 힘을 갖고 있는지 알아야 한다. 다른 사람에게뿐만 아니라 우리 자신에게까지도.

김해영의 인생을 바꾼 한 마디

말 한 마디가 얼마나 인생에 큰 영향을 미치는가를 알고자 한다면《청춘아, 가슴 뛰는 일을 찾아라》의 저자 김해영을 만나보면 알 수 있다.

그녀는 아프리카의 한 소년이 건넨 따뜻한 말 한 마디로 인해 새로운 인생을 살게 되었고 오래도록 아프리카에 머물게 되었다. 아프리카 소년이 그녀에게 건넨 그 말이 무엇이었기에 그녀의 인생이 달라지고 아프리카도 떠나지 못하게 한 걸까?

그 한 마디는 바로 "You are so beautiful"이었다. 아름답다는 그 말은 어쩌면 흔한 말이기도 하다. 그렇지만 그녀에게 아름답다는 말은 그냥 흘려보내기엔 너무나 소중하고 짜릿한 말이었다. 사는 동안 평생 듣지 못할 말이라고 생각했다. 그런데 그녀는 그 말을 아프리카에서 듣게 된 것이다.

아름답다는 그 한 마디가 왜 그에겐 남다르게 느껴졌고 눈물겹도록 감동적으로 들렸던 걸까. 국제사회복지사로 살고 있는 김해영. 그녀가 살아왔던 족적을 들여다보면 그 이유를 알 수 있다.

그녀의 불행은 태어나면서부터 시작되었다. 만취한 아버지가 그녀를 바닥에 던지는 바람에 척추 손상을 입게 되고 평생 장애를 안고 살아야 하는 몸이 된 것이다. 그뿐만 아니라 고된 시집살이로 우울증을 앓던 엄마에게 그녀는 화풀이 대상이었다. 아버지와 다툰 날이면 어김없이 엄마는 그녀를 온몸이 멍이 들 때까지 때렸다. 가난과 아버지의 자살 그리고 엄마의 폭력으로 어린 소녀의 삶은 황폐해졌다. 집에서뿐만 아니라 학교에서도 그녀의 생활은 지옥과도 같았다.

"저리 가! 징그러워."

"그 몸으로 집에나 있지 무슨 학교니?"

"이 세상에 넌 필요 없어."

134센티미터의 작은 키, 척추장애, 불편한 다리의 그녀는 늘 주위 사람들로부터 저주에 가까운 독설을 들었고 놀림을 당했다. 그녀에겐 그게 큰 상처였고 아픔이었다. 초등학교를 간신히 다닌 그녀는 남의 집 식모로 들어갔다. 그곳에서 일을 하면서 짬짬이 천자문도 익히고 공부도 했다. 식모생활보다는 기술을 배워야겠다는 생각에 기술학원에 들어갔고 그 후로 그녀의 삶에 조금씩 서광이 비추기 시작했다. 열심히 기술을 배우고 익힌 덕에 장애인 기능대회 국가대표로 출전할 수 있었고 급기야 금메달까지 목에 걸기에 이르렀다.

그러던 중 우연한 기회에 아프리카 보츠와나의 현지인들에게 기술을 가르치기 위해 봉사활동을 가게 되었다. 봉사활동 기간에만 잠깐 머물려고 했지만 그녀는 귀국행 비행기를 타지 않았다. 그리고 무려 14년 동안 현지인들과 생사고락을 함께하며 기술학교를 지켰다. 14년을 척박한 땅 아프리카에서 봉사를 하며 지낼 수 있었던 이유는 무엇이었을까. 바로 아프리카 소년의 그 한 마디 때문이었다.

"You are so beautiful."

그녀는 아름답다는 말을 그때 난생처음 들었던 것이다. 병신, 난쟁이, 꼽추 등 이 세상에서 가장 추악한 말들만 들어오다가 아름답다는 그 말을 듣는 순간, 그곳은 천국으로 바뀌었던 것이다. 작은 키에 볼품없는 자신을 아름답게 봐주고 다정하게 대한 현지인의 따뜻한 말 한 마디와 마음이 그녀를 그곳에 정착하게 만들었다.

또 다른 이야기 하나.

한 노승이 길을 가다가 어느 집 앞에서 멈춰 섰다. 그 집 엄마가 어린 아들을 심하게 꾸짖고 있었기 때문이다.

"넌 커서 뭐가 되려고 매일 놀기만 하니? 넌 좀 혼나야겠다! 어서 종아리 대!"

엄마는 회초리로 사정없이 아이를 때렸다.

노승은 고개를 내저으며 혼잣말로 중얼거렸다.

"저 나이 때는 좀 놀아도 되는데 왜 이렇게 아이의 기를 죽이는지……. 쯧쯧."

매 맞는 아이가 안타까웠는지 노승이 다가가 아이 엄마에게 조심스럽게 말했다.

"어머니, 커서 정승이 될 아이를 그렇게 때리시면 어떻게 합니까?"

"예? 정승요?"

"그렇습니다. 분명 아드님은 정승이 될 인물입니다."

노승은 아이에게도 다정하게 말했다.

"어머니 말씀 잘 듣고 공부도 열심히 하렴. 아시겠습니까, 정승님?"

노승의 말 한 마디에 엄마와 아이의 일상은 완전히 달라졌다. 더 이상 엄마는 아이를 혼내지도 않았고 아이도 스스로 공부하는 습관을 길렀다. 정말이지 놀랍게도 아이는 커서 훌륭한 정승이 되었다.

당신이 건네는 햇살 같은 말

이처럼 따뜻한 말 한 마디가 사람의 인생을 바꿔놓는다. 우리는 알아야 한다. 따뜻한 말 한 마디가 지쳐 쓰러지려는 이에겐 지팡이가 되고 눈물 흘리는 이에겐 손수건이 되고 세상을 등지려는 이에겐 삶의 희망이 되고 실패로 인해 절망에 빠진 이에겐 재기의 발판이 되고 꿈을 잃은 이에겐 무지개가 된다는 사실을.

이 세상은 자신의 힘으로만 살아갈 수 없다. 타인에게 도움을 받기도 하고 때론 도움을 주며 살아간다. 어릴 때는 부모님의 보호 아래서, 학생 때는 선생님과 함께 그리고 사회에 나와서는 선후배들과 유대관계를 유지하며 지낸다. 이렇듯 지금 당신의 삶은 온전히 자신의 힘으로만 이뤄낸 것이 아니다. 누군가의 조언과 격려가 당신을 있게 한 것이다. 이제 당신도 누군가에게 큰 힘이 되어줄 차례다.

나는 오늘 어떤 말을 건넸는가? 사랑한다는 말을 건넸다면 그건 상대의 마음을 행복하게 했을 것이고 고맙다는 말을 건넸다면 그건 상대의 마음을 흐뭇하게 했을 것이고 미안하다는 말을 건넸다면 그건 상대의 마음을 부드럽게 했을 것이고 최고라는 말을 건넸다면 그건 상대의 마음을 들뜨게 했을 것이다. 이처럼 따뜻한 말 한 마디가 누군가의 인생을 더 멋지고 아름답게 바꿔놓는다는 걸 알게 된다면 분명 우리가 건네는 한 마디 말에는 온기가 더해질 것이다.

혹시 아는가? 먼 훗날, 성공한 누군가가 당신 앞에 나타나 내 성공의 전부는 바로 당신이 건넨 그 말 한 마디가 만든 거라고 이야기를 할지. 그때 나는 얼마나 뿌듯하고 행복할까.

3

가까울수록
더 귀하게

———

만약 사람이 살면서
새 사람을 사귀지 않는다면
곧 홀로 남게 될 것이다.
사람은 돈독한 관계를 위해
우정을 계속 보수해야 한다.

_새뮤얼 존슨Samuel Johnson

익숙함에 의한 기대심리

TV에서 공익광고 한 편을 봤다. 광고의 주제는 '안과 밖이 다른 사람'인데 내용은 대략 이렇다.

회사에서 상냥하기로 소문난 여자(딸). 그러나 집에만 돌아오면 말투가 달라진다. 엄마의 물음에 딸은 "아, 몰라도 돼!" 하면서 퉁명스럽게 말한다.

꽃집을 운영하는 여주인. 손님에게 친절하고 늘 미소를 잃지 않는다. 그러나 집에만 오면 달라진다. 소파에 앉아 있는 남편의 발을 툭 치며 짜증스러운 말투로 "이거 좀 치워봐!" 하고 말한다.

친구들과 잘 어울리고 활달한 남학생. 역시 집에서는 다른 태도를 보인다. "아들, 이거 하나 먹어봐" 하는 아빠의 말에 아들은 아무 대답도 하지 않는다.

마지막으로 한 중년 남자. 회사에서는 자상하고 포근한 미소가 매력적이다. 그런데 안에서는 다르다. 무거운 짐을 든 아내를 도와주기는커녕 빨리 오지 않는다고 핀잔을 준다.

대부분 사람들은 밖에서는 한없이 친절하고 다정하고 깍듯하게 예의를 갖춘다. 그런데 왜 가까운 사람에게는 함부로 대하는 걸까? 왜 친한 친구나 가족에게는 무례하기 짝이 없는 걸까? 무시하고 툭하면 신경질내고 때론 차갑게 외면한다.

그것은 '익숙함에 의한 기대심리'에서 기인한다. 나를 모르는 사람, 아직 나와 돈독한 사이가 아닌 사람, 나와 이해관계로 얽힌 사람, 나와 상하복종의 관계인 사람에게는 함부로 대할 수 없다. 함부로 대했다가는 무례한 사람이라고 낙인이 찍히고 만다. 그러면 사회생활을 하는 데도 지장이 있을 뿐만 아니라 자신의 이미지도 크게 손상된다. 그렇기 때문에 최대한 상대에게 친절하고 다정한 모습을 보인다. 설령 함부로 대한다고 해도 그 범위는 사회적인 통념상 이해될 수 있는 범위를 벗어나지 않는다.

그런데 친한 친구나 가족에겐 '사회적인 통념상'이란 게 없다. 친하기 때문에, 익숙하기 때문에, 가족이기 때문에 다 이해할 거라 생각하고 함부로 막 대한다. 아무리 잘못을 해도 결국 내 편을 들어줄 거라는 기대심리가 있다.

고슴도치 딜레마

지금 가장 가깝게 지내는 사람은 누구인가? 하루 대부분의 시간을 함께 지내는 직장 동료라 말하는 이도 있을 것이고 허물없이 지내는 어릴 적 친구라고 말하는 이도 있을 것이다. 아니면 마음을 주고 사랑을 나누는 애인이라 말하는 이도 있을 것이고 또 누군가는 오랜 시간 동안 한 공간에서 밥을 나눠먹고 잠을 자고 얼굴을 맞대며 지낸 가족이라고 말하는 이도 있을 것이다. 물론 선택 기준은 각기 다를 것이다. 살아왔던 인생과 겪었던 경험들이 같을 순 없기 때문이다.

가까운 사람이 왜 소중한지에 대해 강준민 목사는 저서 《기쁨의 영성》에서 이렇게 말하고 있다.

우리가 터득해야 할 사랑의 기술 중 하나는 가까운 사람을 사랑하는 기술입니다. 인생의 큰 기쁨도, 큰 아픔도 가까운 사람들을 통해 다가옵니다. 우리를 세우는 사람도, 우리를 무너뜨리는 사람도 가까운 데 있습니다. 멀리 있는 사람들이 우리를 쓰러뜨리는 것이 아닙니다. 멀리 있는 사람들이 우리를 위대하게 만드는 것이 아닙니다. 우리를 쓰러뜨리는 사람도, 우리를 위대하게 만드는 사람도 모두 가까운 데 있습니다.

누군가를 가깝다고 생각한다는 건 그 사람을 특별하게 혹은 편안하게 느낀다는 것을 뜻한다. 또한 그 사람이 내 삶에 큰 영향을 미치고 있다는 것을 말한다.

그렇다면 나는 가깝다고 생각하는 사람과의 관계가 원만한가? 좋을 때도 있고 그렇지 않을 때도 있을 것이다. 가까운 사람과의 관계 역시 대인관계의 한 범주이기 때문에 때론 갈등이 생기기 마련이다.

'고슴도치 딜레마'라는 이론이 있다. 독일의 철학자 아르투어 쇼펜하우어의 우화에서 시작된 이론인데 한파가 몰아치는 어느 겨울날, 두 마리의 고슴도치가 있었다. 이 한파를 견딜 수 있는 방법은 달리 없었다. 서로의 온기를 나눌 수밖에. 둘은 얼어 죽지 않기 위해 서로 바짝 붙었다.

"으악!"

그런데 문제가 생겼다. 가까워지려다 서로의 가시에 찔려 상처를 입게 된 것이다. 참으로 난감한 상황이다. 멀리 떨어져 있으면 얼어 죽고 서로 붙으면 가시에 찔리고 마는 딜레마에 빠진 것이다.

오히려 가까워지면 본의 아니게 더 많은 상처를 주기도 한다. '가장 사랑하는 사람이 가장 아프게 한다'라는 말이 왜 나왔겠는가. 서로 아끼고 사랑하고 마음을 나누기에도 부족한 시간에 우리는 왜 서로에게 언성을 높이고 상처를 주는 걸까. 가까운 사람과 더 가까워지고 평생 미움 없이 지낼 수 있는 방법은 과연 없는 걸까.

가까운 사람과 더 잘 지내는 방법

1_가까울수록 예의를 지켜라

서로의 관계가 가깝고 친근하면 더할 나위 없이 좋다. 그러나 외국 속담에 'Familiarity breeds contempt(친해지면 무례하기 쉽다)'라는 말이 있다. 물론 처음에는 괜찮겠지만 그러한 상황이 계속된다면 겉으로 드러나진 않지만 분명 상대는 상처를 입게 된다. 그러면 오히려 남보다 못한 관계가 되고 만다. 혹시 내 말 한 마디가, 내 행동 하나가 상대에게 상처가 되진 않았는지 늘 주의해야 한다.

영화배우 이정재와 정우성은 10년이 넘는 세월을 '절친'으로 지내고 있다. 영화 〈태양은 없다〉에서 호흡을 맞춘 이후 둘은 가까운 사이가 되었다. 그런데 지금까지도 서로 '정재 씨', '우성 씨' 하며 존칭을 쓰고 있다고 한다. 서로에 대해 그 누구보다도 잘 알고 있고 술자리처럼 서로를 편하게 대할 수 있는 자리도 수없이 가졌을 텐데 왜 둘은 여전히 존칭을 쓰는 걸까? 이에 대해 이정재는 한 인터뷰에서 이렇게 답했다.

"존칭을 하다 보니 거리감보다는 오히려 서로에 대한 존경을 잃지 않고 우정이 깊어졌다. 서로에 대한 믿음이 두텁고 가족처럼 생각한다."

둘은 서로를 놓치고 싶지 않은 것이다. 곁에 오래 두고 싶어서 상대를 존중하고 예의를 지키는 것이다. 그것이 바로 둘을 절친으로 남아 있게 하는 비법이었다.

2_당연하다고 생각하지 마라

'이 정도는 이해할 거야', '말하지 않아도 다 알겠지' 하는 생각은 큰 착각이다. 아무리 가까운 사람이라도 서운한 건 서운한 것이다. 또한 배려심도 없이 누군가의 희생을 당연한 걸로 받아들이는 것 역시 잘못된 행동이다.

특히 자식이라는 이유만으로 부모님께 많은 것을 요구하고 그 요구사항을 들어주는 걸 당연하게 여기는 건 이기적인 생각이다. 이 세상에 당연한 건 없다. 한쪽이 많이 얻으면 다른 한쪽은 그만큼 잃게 되는 게 세상의 이치다. 만약 누군가가 당신에게 끊임없이 희생을 강요한다면 어떻게 하겠는가? 당연히 외면하고 싶을 것이다.

너무나 당연한 것으로 생각했던 것에 대해 다시 한 번 돌아볼 필요가 있다. 당연하게 생각했던 것들 덕분에 내가 편안하고 만족스러웠다면, 그것들을 제공한 이도 나와 같은 평안함과 만족함을 느끼게 해줘야 한다.

3_소중하게 여겨라

공기의 소중함을 언제 느낄까? 아마도 숨을 제대로 쉴 수 없을 때일 것이다. 늘 공기가 풍부하게 있기 때문에 그 소중함을 모르고 있다가 공기가 부족해지면 그제야 공기의 소중함을 느끼게 된다.

가까운 사람도 공기와 같다. 곁에 있을 때는 그 소중함을 모르다가 곁을 떠나거나 그가 싸늘하게 외면하면 그때서야 뒤늦게 후회한다. 조금 더 잘할 걸. 조금 더 사랑할 걸. 조금 더 감사할 걸.

가까운 사람일수록 소중하게 대해야 한다. 많은 사랑을 줘야 한다. 사랑은 누군가에게 받을 때보다 오히려 남에게 줄 때 더욱 행복한 것이다.

다음은 카피라이터 여훈의 《최고의 선물》에 나오는 '옆 사람'이란 글이다.

늘 곁에 있어 더 이상 특별할 것 없는 사람.
각별히 신경 쓰지 않아도 되는 사람.
한번쯤 서운하게 해도 용서되는 사람.
바쁘다 보면 잠깐 잊을 수도 있는 사람.
편해서 가끔은 무례하게 대하게 되는 사람.

너무 가까이 있어 보이지 않는 사람. (…)
옆 사람.

앞 사람의 뒤통수만 바라보며 달리지 말자.
지금, 옆 사람을 보라.

나는 지금 누구의 옆에 있는가? 고개를 돌려 그 사람을 보자. 그 사람이야말로 내가 힘들 때 손을 내밀어주고 나를 격려해주고 나를 믿어주는 사람이다. 그 사람에게 따뜻한 손길과 눈길과 가슴 속 온기를 전하는 시간을 가져보자.

4

내가 그의 이름을
불러주었을 때,
알아주기의 힘

———

자진해서 먼저 남에게 친절히 하고,
그 사람들과의 관계를 유쾌하게 유지하라.
남이 친절하니 나도 친절하게 대해 주어야지
하는 것으로는 부족하다.
또 평소에 시비가 일어나지 않도록 먼저
터를 닦아둘 필요가 있는 것이다.

_동양 명언

내 편을 만드는 알아주기의 힘

사람이 재산인 시대다. 아무리 능력이 뛰어나고 돈이 많다고 해도 혼자서는 성공할 수 없다. 나 아닌 다른 사람, 즉 타인의 힘을 빌려야 성장할 수 있고 성공의 발판도 마련할 수 있다. 그러기 때문에 내 사람, 내 편을 많이 확보하는 게 중요하다. 물론 상대를 내 사람, 내 편으로 만드는 건 쉽지 않다.

이런 말이 있다.

"천하를 얻는 것이 차라리 사람의 마음을 얻는 것보다 쉽다."

그렇다고 사람의 마음을 얻는 방법이 완전히 불가능한 건 아니다. 돈으로 매수할 수도 있고 굽실거려 구걸할 수도 있고 힘으로 제압해 억지로 빼앗을 수도 있다. 그런데 그러한 것들로는 잠시 내 편을 만들 순 있을지 몰라도 오래도록 곁에 있게 할 수는 없다. 몸은 내 편일지 모르지만 마음까지 얻었다고 볼 수는 없다.

언제 달아날지 모르는 그 마음을 꽁꽁 묶어두는 방법은 뭘까? 마음까지 사로잡아 완전히 내 편으로 만드는 방법은 뭘까? 의외로 쉽다. 그 방법은 바로 '알아주기'다. 《카네기 인간관계론》을 현대적으로 새롭게 해석한 존 더글라스의 《신뢰가 실력이다》를 보면 어느 부부의 일화가 나온다.

아침에 출근을 하고 저녁에 퇴근을 하면서도 낮 동안 잔디
정원이 어떻게 변했는지에 대해서 별로 관심이 없었습니다.

"당신, 오늘 정원이 뭔가 달라진 게 없어 보여요?"

자신이 열심히 정원을 꾸며 놓은 것을 남편이 알아주기를
바라던 아내는 종종 질문을 던져 보지만 그럴 때마다 남편
의 대답은 한결같았습니다.

"뭐가 달라졌단 거지? 정원은 그대로인 걸?"

처음 몇 번은 남편의 이런 말을 들어도 그냥 넘어가곤 했던
아내도 점점 남편의 무관심에 짜증이 나기 시작했습니다.

이 남편의 잘못은 바로 '알아주기'를 하지 않은 것이다. 조금
더 관심을 갖고 따뜻한 몇 마디라도 건넸다면 분명 이 남편은
아내에게 대접을 받으며 편히 살 수 있었을 것이다.

사마천이 저술한 《사기史記》에 이런 문장이 나온다.

士爲知己者死　女爲悅己者容 (사위지기자사 여위열기자용)

풀이하면 이렇다. "선비는 자기를 알아주는 사람을 위해 목
숨을 바치고 여자는 자기를 예뻐해주는 사람을 위해 화장을
고친다." 인간의 보편적인 욕구 중 하나가 자신을 알리고 자신

이 하는 일을 인정받고 싶은 욕망이다.

미국항공우주국NASA 천체물리학본부장으로 10년간 지냈던 찰스 펠러린 박사는《나사, 그들만의 방식》에서 '알아주기'가 삶의 매듭을 푸는 묘책이라 설명하고 있다.

꽉 낀 볼트를 풀어보려고 애썼던 경험이 누구나 있을 것이다. 지시만을 적용하는 것은 볼트가 풀리지 않는 경우 점점 더 육중한 렌치를 들고 와서 있는 힘껏 볼트를 돌리는 것과 마찬가지다. 윤활유를 치는 게 훨씬 효과적이다. 우리가 다루는 인간역학 관리 프로세스는 알아주기(인정과 존중)로 윤활유를 친 다음, 함께하기(포섭과 포용)로 넘어가는 것이다. 아주 간단하다. 당신이 진심에서 알아주는 마음으로 상대방에게 다가서는데 일을 그르칠 리는 없다.

난폭한 운전기사를 사로잡은 방법

어느 마을에 불친절한 운전기사가 있었다. 운전도 무섭게 하고 승객들에게도 함부로 대했다.

"빨리 타세요! 왜 이렇게 꾸물거려요!"

사람들은 그 운전기사가 맘에 들지 않았지만 그렇다고 달리

손을 쓸 방법이 없었다. 그 마을엔 오직 그 버스만이 유일한 교통수단이었기 때문이다.

운전기사는 인정도 없었다. 버스를 타려고 뛰어오는 사람이 있는데도 모른 척하기 일쑤였다.

"기사님, 좀 기다려주세요. 저기 사람이 뛰어오고 있어요."

"시간 없습니다. 출발 시간 다 됐습니다."

몇 초만 더 기다리면 될 것을 문을 닫고 매정하게 부르릉 출발했다.

그런데 운전기사는 유독 한 사람에게만은 친절했다. 그 사람이 차에 올라타면 반갑게 인사를 했다. 그 사람에겐 미소도 보였다. 그때만이 유일하게 운전기사가 웃는 시간이었다. 어떤 날은 그 사람이 저 멀리서 뛰어오는 걸 사이드 미러로 보았는지 시간이 많이 지체되었음에도 불구하고 끝까지 기다려 그 사람을 태우기도 했다.

운전기사는 왜 유독 그 사람에게만 친절했던 걸까? 그 이유는 특별한 게 아니었다. 다른 승객들은 버스를 탈 때 운전기사에게 인사를 하지 않았다. 그런데 그 승객은 늘 버스를 탈 때 운전기사에게 상냥하게 인사를 건넸다. 그리고 가끔은 음료수도 건네고 감사의 말도 표현했다.

"기사님, 정말 수고가 많으십니다. 기사님이 없었다면 우리들은 꼼짝없이 마을에만 갇혀 있었을 겁니다. 늘 감사합니다."

그 사람은 운전기사를 중요한 사람으로 대했다. 그랬기에 운전기사는 그 사람에게만 유독 친절했던 것이다.

미국 최고의 협상 전문가인 로저 도슨은 《연봉 재테크》에서 사람을 대하는 마음자세를 이렇게 설명했다.

테레사 수녀나 마틴 루터 킹 목사 같은 사람이 될 필요는 없지만, 만나는 모든 이들을 배려할 필요는 있다. 데일 카네기가 이에 대해 훌륭한 조언을 했다. "만나는 사람 모두들 당신이 그날 만나는 가장 중요한 사람인 것처럼 대하라." 정말 좋은 이야기다. 당신이 평생 만날 사람 중 가장 중요한 사람인 것처럼 유난스럽게 대할 필요까지는 없다. 만나는 모든 사람을 그날 만난 가장 중요한 사람처럼 대하자. 다시한 번 말하지만, 인사부장은 존중하면서 비서는 하인 다루듯 해서는 안 된다.

사람을 대할 때는 늘 상대방이 중요한 인물이라는 사실을 잊지 말고 상대방이 알아주기를 원하는 것이 무엇인지 한 번 더 생각해보자. 그러면 그로부터 신뢰를 얻을 수 있고 운이 좋으면 기적 같은 기회를 맞이할지도 모른다.

5

마음의 귀로
집중해서 들어주기

———

말을 너무 많이 해서 비난을
받았다는 말은 자주 들었다.
그러나 너무 많이 듣는다고
비난을 받았다는 말은
내 생전에 들어본 적이 없다.

_노만 아우구스틴Norman Augustin

조 지라드의 변화

12년 연속 판매왕 자리에 올라 기네스북에 등재된 자동차 세일즈의 왕, 조 지라드. 그에겐 인생의 전환점이 될 만한 사건이 있었다. 남들이 보기엔 그가 겪은 일이 대단하거나 거창하지 않을 수도 있지만 그에겐 사람을 대하는 태도를 완전히 바꾸었을 뿐만 아니라 성공으로 가는 열쇠까지 발견하게 할 만큼 아주 소중한 사건이었다. 실패와 절망의 늪에서 허우적거리다 성공가도를 달릴 수 있었던 터닝 포인트가 된 그 사건은 과연 무엇이었을까? 그에게 무슨 일이 일어났던 걸까?

그는 35세까지 세상에서 낙오자였으며 실패자였다. 고등학교에서는 퇴학을 당했고, 직장은 한 곳에 정착하지 못하고 무려 40군데의 일터를 전전해야 했다. 그리고 마침내 마지막으로 선택한 직업이 자동차 세일즈였다.

어느 날이었다. 신사 한 분이 자동차 매장을 찾았다. 지라드는 신사에게 꾸벅 인사를 하고 본격적으로 자동차 판매에 들어갔다. 매장에서 가장 비싼 고급차를 추천했다. 다행히 말이 잘 통해 신사는 그 자동차를 계약하기로 했다.

"정말 감사합니다. 아마도 이 차가 손님께 행운을 가져다 드릴 겁니다. 잘 타십시오."

계약서에 서명만 남긴 시점에 갑자가 신사는 만년필을 내려놓았다.

"저 계약하지 않겠습니다."

그 말만 남기고 신사는 휑하니 자동차 매장을 빠져나갔다.

지라드는 하루 종일 일이 손에 잡히지 않았다.

'도대체 무슨 이유로 갑자기 계약을 뒤집은 걸까?'

아무리 생각해봐도 그럴 만한 이유가 없었다. 그 신사의 태도를 정말로 이해할 수 없었다. 결국 그는 깊은 밤 실례를 무릅쓰고 신사에게 전화를 걸었다. 성사 직전에 왜 갑자기 계약을 취소했는지 그 이유를 묻기 위해서였다.

"그 이유를 말씀드리겠습니다. 제 말을 경청해줄 수 있나요?"

"물론이죠. 잘 듣겠습니다."

조 지라드는 수화기에 귀를 바짝 갖다 댔다.

"지금은 잘 듣겠다고 하시면서 아까는 왜 제 말을 잘 들어주지 않으셨나요?"

"예? 그게 무슨 말씀이신가요?"

"아까 매장에서 제가 내 아들이 의과대학에 합격했다고 하지 않았습니까? 저 딴에는 자랑 좀 하려고 했는데 당신은 그 말에 전혀 반응을 보이지 않더군요. 그게 계약을 하지 않은 이유입니다."

수화기를 내려놓은 지라드는 멍했다.

"단지 그것 때문에? 이건 말도 안 돼. 겨우 그깟 일로……."

흥분을 가라앉힌 후, 곰곰이 생각해보니 자신이 실수했다는 걸 깨달았다. 건성으로 들었던 자신의 태도가 신사의 기분을 상하게 한 것이었다.

실제로 우리는 조 지라드처럼 남의 말을 들을 때 그다지 집중하지 않는다. 귀만 열어놓았을 뿐이지 건성으로 듣는다. 스위스의 정신과 의사 폴 투르니에는 이렇게 말한 바 있다.

"우리는 다른 사람의 말을 절반만 듣고, 들은 것의 절반만 이해하며 이해한 것의 절반만을 믿는다. 그리하여 마침내는 믿는 것의 절반만을 겨우 기억할 수 있게 된다."

당신도 생각해보라. 오늘 많은 사람들과 많은 대화를 나눴다. 상대가 한 말 중에 기억에 남는 게 몇 개나 되는가? 생각나는 게 거의 없을 것이다. 왜 그럴까? 듣기보다는 자신의 생각과 주장을 전달하기에만 급급했던 탓이다.

경청, 보이지 않는 힘

세계적인 인간관계 전문가인 레스 기블린은《말하는 습관이 운명을 바꾼다》에서 이렇게 말했다.

■ 이 세상의 모든 사람들에게는 누구나 자기가 가장 잘 알고 있는 가장 좋아하는 대화의 주제가 있다. 그게 무엇일까? 바로 '자기 자신'에 관한 얘기다. 누구보다도 잘 알고 있고 어떤 것보다도 좋아하는 얘기이기 때문에, 사람들은 기회가 생길 때마다 자기 얘기를 남들에게 들려주고 싶어 한다. 그래서 그들은 틈만 나면 이렇게 말한다.

"제발 내 얘기 좀 들어봐."

그러니 누구든 자기 얘기를 귀담아 들어주는 사람이 나타났을 때 그 사람을 좋아하지 않을 까닭이 없는 것이다.

그 일을 통해 지라드는 남의 말을 잘 듣는 게 얼마나 중요한지를 깨닫게 되었다. 그 후로 자신의 입은 최소화하고 고객을 위한 귀는 최대화했다. 고객의 말 한 마디도 놓치지 않으려고 신경을 썼고 적극적으로 호응도 했다. 그의 성실한 경청의 태도에 고객들은 기분이 좋아졌다. 자신이 귀인 대접을 받고 있다는 느낌이 들었기 때문이다. 당연히 판매 실적이 나날이 좋아졌다. 마침내 그는 기네스북에 오를 만큼 최고의 세일즈맨으로 우뚝 설 수 있었다. 성공의 비결? 그건 마음을 열어 진심으로 들어주는 경청에 있었다.

양날의 칼

대화에 있어서 경청은 참으로 중요하다. 경청을 하고 안 하고는 상대와의 관계 설정에 지대한 영향을 미친다. 가톨릭 주교인 제임스 셜리반은 《세상에서 가장 강한 힘 경청》에서 대화에 있어서 태도가 얼마나 중요한지에 대해 말하고 있다.

〔듣는다는 행위는〕 양날을 가진 칼과 같다. 지금까지 살펴보았듯이, 누군가의 말을 잘 경청하는 것은 그 사람에게 자기 존중이라는 아름다운 감정을 높여주고 마음의 괴로움을 덜어줄 수 있다. 그러나 반대로 내가 그의 말을 잘 듣지 않는다면, 원하든 원하지 않든 그것은 상대방을 무시한 결과를 낳고 만다. 입장을 바꾸어 생각해보자. 만약 상대방이 내 말을 잘 듣지 않고 건성으로 잘라버리면 그 행위는 내 말이 들을 만한 가치가 없다는 메시지를 던지는 것이다. 이쯤 되면 내 자존심은 민감하게 상처를 입을 것이다. 로마 속담에서 말하듯 최상의 것이 부패하여 최악의 것이 된 셈이다.

태도를 보면 그 사람의 진심을 읽을 수 있다. 만약 당신이 이야기를 하는데 상대가 대답도 안 해주고 눈도 마주쳐주지 않고 고개도 끄덕이지 않는다면 당신은 불쾌감을 느낄 것이다. 심지어는 상대가 자신을 싫어하거나 무시한다고 오해할 수 있다. 자존심이 상할 대로 상한 상태인데 그 사람과의 관계가 원만해질 리 만무하다. 결국 적만 또 한 명 늘 뿐이다.

진심의 귀로 들어라

미네소타 대학교의 랄프 G. 니콜스 박사에 의하면 사람들은 대략적으로 1분간 125개 단어를 말한다고 한다. 이에 비해 130억 개의 세포로 이루어진 뇌의 사고력은 1분에 500개의 단어를 이해할 수 있다는 것이다. 다시 말해 남의 이야기를 듣고 있을 때는 우리가 가진 청취능력의 고작 25퍼센트밖에는 활용하지 않는 것이다. 결국 능력의 나머지 75퍼센트는 딴생각에 활용되고 있는 셈이다. 이렇다 보니 어쩌면 남의 말을 그냥 흘려보내는 것이 당연한 것인지도 모른다.

하지만, 그럼에도 불구하고 우리는 경청을 해야 한다. 경청이 인간관계를 개선시키고 성공의 문을 열어주기 때문이다. 마음의 귀를 열어야 한다. 입은 아끼고 귀는 아낌없이 써야 한다. 경청만 잘해도 성공의 문 안에 이미 발을 들여놓은 것이나 다름없다.

상대방의 말을 주의 깊게 들어주는 것은 상대의 마음을 기쁘게 한다. 또한 상대의 가치도 높여준다. 이러면 상대방이 가만히 있겠는가? 내 편이 될 것이고 내가 도움을 필요로 할 때 기꺼이 손을 내밀어줄 것이다. 인간관계도 좋은 방향으로 흐르고 인생은 풍부해지고 경제적으로도 나아질 것이다.

사람은 누구나 자신의 이야기를 잘 들어주는 사람에게 호감을 느끼고 마음을 열기 마련이다. 상대의 말이 그다지 재미없는 이야기라 할지라도 그냥 들어주는 것이 좋다. 그렇게 듣는 것만으로도 같은 편이 될 수 있다. 그렇다고 상대의 말에 전적으로 동의해야만 한다는 소린 아니다. 동의하지는 못하더라도 진심으로 들어주는 것은 얼마든지 가능하다. 물론 말을 잘 듣는다는 게 말처럼 쉬운 일은 아니다. 집중력과 인내심은 기본이요, 최대한 공감하고 이해하려는 마음까지 갖춰야 하기 때문이다. 어쩜 그렇기 때문에 잘 들어주는 것이 힘이 센 것인지도 모른다.

6

만남을 축복으로
만든 사람들

———

만나는 사람 모두에게
무엇이든 배울 수 있는 사람은
세상에서 가장 현명한 사람이다.

_〈탈무드〉

반기문과 빌 클린턴 그리고 케네디

어찌 보면 세상의 모든 만남은 우연을 가장한 필연인지도 모르겠다. 물론 서로에게 그게 다 적용되는 건 아닐 수도 있지만 어쨌든 그 만남에 의미를 두고 자꾸 곱씹다 보면 그 만남이 운명을 바꿀 만한 사건이었다는 걸 훗날 깨닫게 되는 경우가 있다.

반기문 유엔 사무총장에게는 케네디 대통령과의 만남이 그랬다. 그가 고등학생 때 외국 학생의 미국 방문 프로그램에 선발되어 미국을 방문한 것 그리고 케네디 대통령을 만난 것이 그의 외교관 인생을 결정짓는 커다란 계기가 되었다. 만약 반기문 학생이 TV나 신문으로만 케네디 대통령을 접했다면 그의 꿈이 그렇게 구체화되고 빠르게 영글었을까?

물론 어릴 때부터 외교관의 꿈을 품었다면 어떤 식으로든 자기 꿈을 향해 전진했겠지만 직접 보고 만나고 한 공간에서 함께 숨 쉬는 것만큼 강력한 동기부여는 없을 것이다.

케네디 대통령으로부터 영향을 받은 또 한 명의 인물이 있다. 바로 미국의 제42대 대통령이었던 빌 클린턴이다. 중국의 정통문화 연구가인 창화는 《인생을 바꾸는 최고의 만남 귀인》에서 이 둘의 만남을 소개하고 있다.

미국 빌 클린턴 전 대통령은 17세 때 저명한 음악가가 되겠다는 꿈이 있었다. 그러나 백악관에서 당시 대통령이었던 케네디 대통령을 만난 뒤, 음악가의 꿈을 접고 반드시 정치가가 되겠다고 목표를 세웠다고 한다. 이렇게 해서 그의 인생과 일의 방향이 달라졌다. 만약 케네디 대통령이 아니었다면 클린턴은 음악가로 성장했을 테니 케네디 대통령이 귀인이라고 할 수 있겠다.

간접적으로 접하는 것과 직접 만나는 것 사이에는 큰 차이가 있다. 일단 거리상의 차이도 있지만 그보다도 자극의 정도 자체가 다르다. 늘 가슴에 품고 있던 그런 사람과 직접 대화를 나누고 눈빛을 교환하고 악수를 했다는 것은 친근감은 물론 뭔가가 통했다는 동질감까지 느끼게 한다. 당연히 그 사람을 더 닮고 싶고 그 사람처럼 되고 싶다는 마음이 강해질 수밖에 없다.

레오나르도 다빈치와 베로키오

〈최후의 만찬〉, 〈모나리자〉 등을 그린 르네상스 시대의 대표적인 예술가 레오나르도 다빈치에게도 그의 인생에 지대한 영향을 끼친 결정적인 만남이 있었다.

열다섯 살 무렵, 다빈치는 당시 피렌체에서 꽤 이름이 알려진 안드레아 델 베로키오를 만나게 되었다. 그리고 곧바로 그 화가가 운영하는 공방의 견습생으로 들어갔다.

"스승님, 나오셨습니까? 바닥 청소는 다 해놨고 붓도 깨끗이 씻어났습니다. 이제 무얼 해야 됩니까?"

"안료 좀 빻도록 해라."

잔심부름과 허드렛일로 하루하루를 보냈지만 그래도 그다지 불평은 없었다. 어깨너머로 스승이 그림 그리는 걸 보는 것만으로도 행복했다.

견습생 생활이 몇 개월 접어들자 다빈치도 그림을 그리기 시작했다. 스승이 그리다 만 그림의 모퉁이에 색을 칠하는 게 전부였는데 색을 배합하는 정교함이 남달랐다.

"생각보다 훌륭하구나. 아니, 넌 대단한 솜씨를 가졌어."

스승님의 칭찬과 본인이 갖고 있던 재능이 맞물려 다빈치의 실력은 나날이 발전해갔다. 급기야는 스승의 그림자에서 벗어나 독자적인 그림 세계를 열게 되었다. 마침내 그는 당대 최고 화가 반열에 오르게 되었다.

다빈치 역시 스승 베로키오를 만나지 않았다면 아마도 그는 화가가 아닌 다른 삶을 살았을지 모른다. 그에게 있어 베로키오는 삶의 방향을 정해준 나침반과도 같았다.

우리는 살아가면서 수많은 사람들을 만나게 된다. 어떤 사람은 지속적이며 끈끈한 인연으로 발전하는가 하면 또 어떤 사람은 그저 바람처럼 스쳐 지나가는 사소한 인연으로 끝나기도 한다. 그러나 분명한 건 만남 속에는 다양한 감정과 이성이 교차한다는 사실이다. 행복, 기쁨, 환희, 사랑, 꿈이 오가기도 하고 불행, 상처, 아픔, 절망 그리고 논리, 설득, 판단, 선택 등도 오간다. 즉 중요한 만남이든 사소한 만남이든 알게 모르게 서로에게 영향을 끼친다는 것이다.

인생은 만남이다. 수많은 만남들로 내가 형성되고 내가 발전하고 때론 파괴되기도 한다. 이왕이면 만남의 인연이 내 인생에 플러스가 되고 내 꿈을 펼치는 데 도움을 주고 자극을 주는 기분 좋은 사건이 된다면 그 얼마나 행복한 일이겠는가.

멘토 혹은 롤모델의 힘

시대를 풍미한 선구자나 성공을 거둔 사람들에게는 공통점이 하나 있다. 바로 인생의 중대한 고비나 방황의 시기에 삶의 중심을 잡아주고 살아갈 방향에 대해 힌트를 주는 조력자 내지 멘토가 나타난다는 것이다. 우연한 기회에 그런 조력자나 멘토를 만나게 된다면 그야말로 행운이겠지만 설령 그런 만남이 없다고 해서 크게 실망할 필요는 없다. 따르고 싶고 닮고 싶고 도움을 청하고 싶은 사람을 롤모델로 정하고 그를 나의 인연으로 만들어가면 되는 것이다.

2010년 아시아인 최초로 여자골프 세계랭킹 1위에 오른 신지애는 어느 한 방송에서 자신의 롤모델인 '골프 여왕 박세리'에 관련된 에피소드를 공개한 적 있다.

어릴 때부터 박세리는 그녀의 우상이었고 또한 닮고 싶은 롤모델이었다. 그래서 박세리처럼 유명한 골프선수가 되고자 그녀가 했던 방식을 그대로 따라했다. 한번은 박세리 선수가 공동묘지에서 스윙 연습을 했다는 소리를 어디선가 듣고 자신도 박세리 선수처럼 강인한 정신력을 갖추기 위해 한밤중에 공동묘지에서 스윙 연습을 했다. 세월이 흘러 신지애는 세계 최고의 선수가 되었고 박세리를 만날 기회가 생겼다.

"언니, 저도 언니처럼 공동묘지에서 스윙 연습을 했어요. 새벽 2시에 두 차례나 공동묘지에 갔었는데 어찌나 무서웠던지 내려오면서 크게 노래를 불렀어요."

그런데 정작 박세리는 당황스런 표정을 지었다.

"나처럼? 난 공동묘지에 간 적이 없는데……."

사실 박세리 선수가 공동묘지에서 스윙 연습을 했다는 말은 와전된 이야기였다.

신지애 선수처럼 비전과 목표를 달성하기 위해서 자신이 닮고 싶고 자신과 생각과 가치관이 비슷한 사람을 따라하고 벤치마킹하는 것은 현실적으로 명확히 와 닿기 때문에 큰 도움이 된다. 물론 따라만 한다고 그 사람처럼 되는 것은 아니다. 그 사람이 해왔던 노력과 준비를 뛰어넘어야만 한다. 그래야 기회가 오고 운명을 바꿀 만남도 찾아오는 것이다.

영화감독 정초신은 저서 《인생흥행의 법칙》에서 운명을 바꿀 만한 만남은 그냥 찾아오는 게 아니라 준비된 자에게 온다고 말하고 있다.

멘토를 만나기 위해서는 항상 자신의 상황을 인식하고 더욱 나은 길을 모색하며 해답을 갈구해야 한다. 구하지 않는 자에게 거저 주어지는 것은 없기 때문이다. 무뎌진 의식의 껍질을 벗기고 새살을 돋게 해줄 사람, 단박에 코페르니쿠스적 발상의 전환을 가져다줄 멘토는 준비된 사람만이 가질 수 있는 선물인 것이다.

아직 인생의 멘토를 만나지 못했다고 아쉬워할 필요는 없다. (…) 아직 멘토를 만나지 못했다면 당신이 자신의 인생에 대해 충분히 고민하지 않았다는 증거이며, 또한 당신이 멘토를 만날 때에 이르지 않았다는 뜻이기 때문이다.

만약 지금 내 운명을 바꿀 만한 만남이 찾아온다면 과연 나는 그것을 받아들일 준비가 되어 있는가? 정말로 그 만남을 간절히 원하고 있는가? 그런 확신이 있고 준비가 되어 있다면 조만간 큰 도움을 줄 귀인貴人을 만나게 될 것이다. 아니 예전부터 이미 와 있었는지도 모른다. 내가 아직 준비가 덜 되어 발견하지 못했을 수도 있다.

5장

머리가 하얗게 빈 것 같을 땐,

공부를 다시 시작해야 할 시간

1

책, 단 한 권이라도
제대로 읽어보기

홀륭한 건축물을
아침 햇살에 비춰보고
정오에 보고
달빛에도 비춰보아야 하듯이
진정으로 훌륭한 책은
유년기에 읽고
청년기에 다시 읽고
노년기에 또 다시 읽어야 한다.

_로버트슨 데이비스 Robertson Davies

속도 경쟁의 시대

　고속전철의 속도는 빠르다. 그런데 지금도 속도를 더 높이기 위해 연구가 계속 진행되고 있다. 인터넷 속도의 경쟁 역시 불붙었다. 그뿐만이 아니다. 자동차나 전자제품의 기술력도 하루가 다르게 빠른 속도로 향상되고 있다. 건물이나 다리도 맘만 먹으면 반년도 넘기지 않고 뚝딱 짓고 만다.

　이처럼 우리는 지금 속도 경쟁의 시대에 살고 있다. 빠르지 않으면 살아남을 수 없는 시대에 살고 있다. 느리다는 건 경쟁력을 잃은 거나 다름없다. 살아남기 위해선 어쩔 수 없이 속도에 집착할 수밖에 없다.

　세상은 점점 빨리 돌아가고 우리들은 빠른 생활 패턴에 익숙해져가고 있다. 점점 더 빠른 것을 찾게 되고 조금만 느려도 외면하거나 답답해한다. 다들 속도강박증 혹은 속도중독증을 앓고 있다.

　단적인 예로 우리는 식당에 들어가 주문을 마치기가 무섭게 음식 언제 나오느냐며 재촉하기 일쑤다. 그뿐인가. 자판기에서 커피를 뽑아 마실 때도 그새를 못 참고 손을 집어넣어 컵을 잡고 기다린다. 이런 사소한 일상들만 들춰 봐도 우리의 증세가 얼마나 심각한지 짐작할 수 있다.

알맹이 제대로 읽기

앞서 속도 얘기를 꺼낸 이유는 올바른 책읽기에 대해 말하고자 함이다.

예나 지금이나 책은 유익하다. 지식과 지혜를 얻게 해줄 뿐만 아니라 삶의 이치를 깨닫고 바른 길을 가게 해주는 길라잡이 역할을 한다. 여전히 많은 사람들이 책을 가까이 하고 있고 책 속에서 무언가를 찾아내려고 고군분투하고 있다.

그런데 요즘 대학입시나 회사 면접 등에서 독서목록을 평가의 기준으로 삼는 경우가 있다. 그러다 보니 책이 단지 '스펙쌓기용'으로 전락하는 건 아닌가 하는 우려의 목소리도 있다. 즉 실적 쌓기에 집착한 나머지 알맹이는 없고 양만 늘리는 껍데기뿐인 독서에 급급하다는 것이다.

이런 말이 있다.

"너무 빨리 달리면 안 된다, 영혼이 못 따라오니까."

아무리 실적이 좋다지만 실제로 본인이 얻는 게 없으면 그것만큼 공허한 건 없다. 빨리 달리면 도착을 앞당길 수 있지만 풍경을 잃게 되고 또한 생각과 깊이도 챙기지 못한다. 책읽기 역시 너무나 빠른 속도로 페이지가 넘어가면 읽었다 해도 그건 정말로 읽었다고 볼 수 없다. 읽는 속도에 비해 이해력과 상상력이 뒤따라주지 못하기 때문이다. 뜻을 잘못 받아들일 수도 있고 지은이가 책을 통해 주고자 했던 메시지를 놓칠 수도 있다. 글자만 읽는 데 급급한 나머지 페이지만 넘긴다면 나중에 책을 덮고 나면 머릿속에 남는 게 하나도 없게 된다.

분명히 알아야 할 것은 몇 권의 책을 읽었느냐보다 얼마나 제대로 그 내용을 이해하고 책을 통해 성찰의 시간을 가졌느냐가 독서력을 판단하는 기준이 되어야 한다는 것이다. 일단 책을 읽고자 한다면 편안하고 여유로운 마음을 가져야 한다. 빠른 시간 내에 뭔가를 뽑아내려고 성급하게 군다면 절대로 뭔가를 얻을 수 없다. 무엇이든 진정한 내 것으로 만들려면 충분한 생각과 성찰과 노력의 시간을 투자해야 한다.

그렇다면 글의 뜻을 제대로 이해하고 읽은 책을 온전하게 내 몸과 정신으로 흡수할 수 있는 독서법은 뭘까? 크게 3가지로 정리할 수 있다.

1_소 되새김질 독서법

소는 먹이를 먹을 때 특이한 행동을 한다. 소는 한 번 삼킨 음식을 다시 게워내어 씹는다. 즉 되새김질을 한다. 이처럼 책 읽기에도 되새김질을 적용하면 좋다. 한 번 읽었다고 덮는 게 아니라 반복하여 곱씹으면 그 책의 의미를 제대로 파악할 수 있다. 평생 책에 파묻혀 살았던 조선시대 대학자 이황은 책읽기의 올바른 방법을 이렇게 설파한 바 있다.

■ 글이란 정신을 차려서 수없이 반복해 읽어야 하는 것이다. 한두 번 읽어보고 대충 뜻을 알았다고 해서 그 책을 그냥 내버리면 그것이 자기 몸에 충분히 배지 못해서 마음에 간직할 수 없게 된다. 이미 알고 난 뒤에도 그것을 자기 몸에 배도록 더 공부해야만 비로소 마음속에 길이 간직할 수 있을 것이다.

정민 교수의 저서 《고전독서법》에 등장하는 조선 중기의 학자 이식李植 역시 소 되새김질 독서법을 강조하고 있다.

■ 《시경》과 《서경》은 본문을 100번씩 읽어라. 《논어》는 풀이 부분과 함께 입에 익을 때까지 100번씩 읽어야 한다. 《맹자》는 본문만 100번씩 읽어라. 《중용》과 《대학》은 횟수를 따지지 말고 아침저녁으로 돌려가며 읽어라.

여러 권을 대충 읽는 것보다 한 권이라도 제대로 읽는 게 훨씬 더 효과적이다.

2_독서의 진수, 정독

사골국 국물이 제맛을 내기 위해서는 오랜 시간 동안 푹 고아야 한다. 술 역시 제대로 된 맛을 내려면 발효와 숙성의 시간을 보내야 한다. 나무도 큰 숲을 이루기 위해선 오랜 세월을 견뎌내야 한다. 뭐든지 그 본연의 가치를 뿜어내기 위해선 시간과 노력이 필요한 법이다. 미국국립도서재단의 이사인 스티브 레빈 박사도《전략적 책읽기》에서 제대로 된 책읽기 방법으로 정독을 꼽고 있다.

> 책읽기는 양에 따라 지식이 좌우되는 게 아니다. 깊숙하게 집중해서 들어갈수록 더 많은 것을 얻어낼 수 있다. 따라서 한 권이라도 제대로 읽어 창의적인 아이디어를 확보하는 것이 중요하다. 명사들이 추천하는 이 한 권의 책에는, 그들의 험난한 인생 역정을 지혜로 승화시키는 에너지가 숨어 있다. 누군가는 그냥 스쳐 지나갔을 책에서 그들은 집중력과 혜안을 가지고 무언가를 발굴하고 끌어낸 것이다. 자신의 일과 생활에서 창조성을 일깨워 의미 있는 것을 만들어 내는 것이야말로, 책읽기의 진정한 의미를 아는 것이다. 그래서 책을 많이 읽는 것보다 읽은 내용을 다시 한 번 생각하는 것이 지금의 현대인들에겐 더 중요하다.

지금 읽고 있는 책을 온전히 내 것으로 만들기 위해선 시간이 좀 걸리더라도 눈이 아닌 생각으로 읽어야 한다. 한 문장도 소홀히 넘어가지 말고 '내가 이 문장을 이해하고 있는가, 이 논리가 타당한가'를 점검하고 스스로에게 자문해야 한다. 또한 모르는 단어나 어휘를 만나게 되면 사전을 통해 명확하게 그 의미를 깨달은 후에 다음 단락으로 넘어가야 한다. 따로 단어장을 만들거나 책의 여백에 새롭게 접한 단어를 적어놓는 방법도 괜찮다.

사실 요즘은 스마트폰이나 TV, 컴퓨터의 발달로 인해 책의 입지가 점점 좁아지고 있다. 책에 집중해 정독한다는 게 어려운 일이 돼버렸다. 그럼에도 불구하고 우리는 책과 가까이 해야 한다. 정독을 해야 한다. 사고하고 판단하고 식별하는 능력을 키우고 삶의 지혜도 얻을 수 있는 최고의 방법이 독서기 때문이다.

3_토론과 활용으로 마무리

제대로 된 내 책 만들기의 마지막 필살기는 바로 토론과 활용이다. 소 되새김질 독서법과 정독을 통해 어느 정도 내용을 이해했다면 이제 한 번 더 토론과 활용을 통해 책을 완전히 내 것으로 만들어야 한다. 다 읽은 책의 주제에 대해 친구들과 이야기를 나누면 좋다. 이야기를 통해 상대의 생각도 들을 수 있고 내 느낌도 밝힐 수 있다. 그러면 자연스럽게 복습 효과를 통해 확실히 내 것으로 만들 수 있다. 열의와 추진력이 있다면 독서토론회를 만드는 것도 좋을 듯하다. 또 가슴에 새겨둘 만한 좋은 문구를 기억해뒀다가 사람들과 대화할 때 적절하게 활용하는 것도 좋은 방법이다.

2

공부는 죽은 후에나
끝나는 것

———

오늘 배우지 않아도 내일이 있다고 말아라.
올해 배우지 않아도 내년이 있다고 말아라.
날과 달은 간다.
나로 하여 늦추지 않나니 아아, 늙었구나.
이 누구의 허물인고.

_주자朱子

정말로 유치원에서 다 배웠을까

서점에 간 사람들은 어떤 기준으로 책을 고를까? 평소 좋아하는 작가의 신간이거나, 신문광고 등에서 봤거나, 현재 베스트셀러 목록에 올랐거나, 혹은 가까운 지인이나 SNS 등을 통해 소개받았거나 하는 것들이 하나의 선택 기준이 될 것이다.

이러한 다양한 기준에 하나를 더 추가하자면 바로 책 제목이다. 많은 이들이 책 제목에 끌려 책을 선택하기도 한다. 필자 또한 예전에 제목만으로 선택했던 책이 한 권 있다. 바로 로버트 폴검의 《내가 정말 알아야 할 모든 것은 유치원에서 배웠다》이다. 제목 못지않게 내용도 괜찮았다. 저자는 일상의 소소한 경험을 재치 있게 풀어냈고 그리고 거기에 인생의 의미와 진리도 덧붙였다.

다시 그 책의 제목으로 돌아가 이야기해보자.

우리들은 어릴 때 부모님이나 선생님에게 많은 것들을 배운다. 세상을 살아가면서 지켜야 할 것과 하지 말아야 할 것 등을 귀에 못이 박히도록 배운다. 그러고 보니 책 제목처럼 정말로 유치원 때 인생의 모든 진리와 질서를 다 배운 듯하다.

그런데 다시 제목을 곱씹어 생각해보면 꼭 그 제목이 옳은 것만은 아니라는 생각이 든다. 진리와 질서 혹은 규범 같은 건 어느 정도 배웠을지는 몰라도 지식과 기술은 그때 다 터득하지 못한다. 지능의 한계가 있을 뿐더러 지식과 기술은 시대의 흐름과 맞물려 매일매일 진보하며 변하기 때문이다.

새로운 하루가 시작되면 새로운 지식과 기술이 태어난다. 세상이 워낙 빠르게 변하다 보니 어제의 셈법만으로는 오늘과 내일을 적극적으로 대처할 수 없다. 탄샤오위에는 《노벨상 수상자 36인의 학습법》에서 과거에 배운 지식과 기술은 이미 낡은 것이라고 말한다.

지식경제의 시대인 21세기에는 평생 동안 공부해야 한다. 학습의 목적은 지난날을 돌아보기 위해서가 아니라, 오늘을 자세히 살펴보고 내일을 창조하기 위해서이다. 앞으로 나아가고 싶은 사람은 뮤라드처럼 공부의 발걸음을 멈추지 않아야 한다.

사회는 항상 끊임없이 발전했지만, 오늘날처럼 이렇게 빠르게 변화한 적은 없었다. 과거에 수백 년에 걸쳐 완성된 변화가 지금은 30년도 걸리지 않는다. 심지어는 10년 안에 새로운 세계가 등장하기도 한다. 이런 사회에서 어려서부터 형성된 사상관념, 습관, 사유방식 등으로는 시대의 변화를 따라갈 수가 없다. 현실에 뒤처지지 않고 시대와 평행을 유지하기 위해서는 공부를 계속함으로써 새로운 시대를 인식하고 해석하는 능력을 배워야 한다.

공부에 끝은 없다

'평생 공부'라는 말이 왜 나왔겠는가. 공부엔 끝이 없다. 끝이 없다는 말에 이렇게 딴죽을 거는 사람도 있을 것이다.

"어차피 끝도 없는데 공부를 해서 뭐해? 아무리 해도 허무할 뿐이지."

얼핏 들으면 맞는 말 같기도 하지만 그건 어차피 죽을 건데 열심히 살아서 뭐하냐 하는 것과 다를 바 없다.

성공한 사람들에겐 공통점이 있다. 바로 끊임없이 공부한다는 것이다. 수많은 정보들이 융단폭격처럼 무차별적으로 쏟아지고 있는 이 시대, 그들은 어떻게 진실과 거짓을 구별할 수 있었던 걸까, 무엇이 옳은 길이고 그른 길인지 어떻게 판단할 수 있었던 걸까, 무엇이 내일로 가는 길이고 퇴보하는 길인지 또한 어떻게 꿰뚫어 볼 수 있었던 걸까. 운명을 결정지을 선택 앞에서 그대로 수용할 것인지 아니면 비판적인 안목과 성찰로 한번 더 고뇌를 할 건지를 무슨 근거를 선택할 수 있었던 걸까.

제대로 된 판단 능력과 위기를 헤쳐 나갈 수 있는 지혜, 그런 내공은 저절로 주어진 게 아니다. 하루도 게을리하지 않고 세상에 대해, 다가올 미래에 대해, 자신이 하고 있는 일에 대해 끊임없이 공부를 해야 얻을 수 있는 것이다. 신창호 교수가 조선의 대학자인 퇴계 이황의 서간집과 사상집을 엮은 책 《함양과 체찰》에 보면 퇴계 선생이 평생 공부의 중요성에 대해 강조하는 대목을 접할 수 있다.

공부란 한번 껑충 뛰어서 도달하는 것이 아닙니다. 이전에 1, 2년 만에 공부를 완성할 수 있다고 기약한 적이 있었는데, 만일 뜻을 그렇게 가졌다면 참으로 거칠고 모자란 생각으로 보입니다. 공부는 평생을 해야 하는 막중한 사업입니다. 안자나 증자와 같이 뛰어난 선현들도 공부를 다 마쳤다고 말할 수 없습니다. 하물며 그 분들보다 못한 사람들은 어떻겠습니까?

공부한 자에게만 보상이 따른다

언젠가 한 인터넷 커뮤니티 게시판에 '공부에 미치다'라는 제목으로 게시물 하나가 올라와 네티즌들의 큰 호응을 얻었던 적이 있었다. 게시물은 자기계발 서적 중 공부라는 제목이 붙은 책들만 모아서 찍은 사진이었다. 책 제목을 살펴보면 다음과 같다.

- 10대 꿈을 위해 공부에 미쳐라
- 20대 공부에 미쳐라
- 30대 다시 공부에 미쳐라
- 40대 공부 다시 시작하라
- 공부하다 죽어라

책 제목만 봐도 숨이 턱 막히고 한숨이 나온다. 학생 때 질리도록 공부했는데 그게 끝이 아니라니, 이 얼마나 고달픈 인생인가. 아찔한 생각이 드는 게 당연하다.

그런데 당연한 사실이 하나 있다. 인생에 공짜는 없다는 사실이다. 다시 말해서 자기계발을 위한 공부는 끝이 없다는 것이다. 치열하게 공부하고 시간과 노력을 기울여 열심히 스스로를 계발한 자에게만 그에 따르는 보상이 주어지는 것이다. 아울러 자신에게 쏟을 수 있는 최고의 투자이며 인생을 가치 있게 만드는 수준 높은 행위가 공부임을 명심해야 한다.

미국 자동차 업계의 전설로 불리는 헨리 포드 역시 지속적인 공부를 통해 성공의 발판을 만들 수 있었다. 그가 지식과 기술을 습득하기 위해 얼마나 공부에 매진했는지는 그가 걸어온 길을 들여다보면 알 수 있다.

어릴 적 상점에서 점원으로 일할 때부터 그는 공부에 힘을 쏟았다. 주급의 80퍼센트 이상을 기계 관련 서적을 사는 데 썼다. 이는 결혼을 해서도 마찬가지였다. 값나가는 살림이라곤 책이 전부였다. 책 속에 길이 있다는 말은 그저 명언에 불과한 게 아니었다. 책과 공부가 그에게 미래와 성공의 길을 열어준 것이다. 그는 꿈과 성공을 바라는 이들에게 이렇게 말한다.

"지금 한 푼이라도 더 벌려고 발버둥 치는 것보다 한 줄이라도 더 읽고 새로운 기술을 익히는 게 성공과 더 가까워지는 길이다."

공부는 끊임없이 하되 자만은 금물이다. 남보다 지식과 기술이 많다 보면 자칫 지나친 자부심에 빠질 수 있다. 또한 이미 성공의 경계선을 넘어선 사람은 우쭐거리는 경향이 있다. 그런 사람들은 아인슈타인의 '원둘레의 법칙'을 새겨들어야 한다.

"이미 알고 있는 지식이 차지하는 부분을 원이라고 한다면 원 밖은 모르는 부분이 됩니다. 원이 커지면 원의 둘레도 점점 늘어나 접촉할 수 있는 미지의 부분이 더 많아지게 됩니다. 지금 저의 원은 여러분들 것보다 커서 제가 접촉한 미지의 부분이 여러분보다 더 많습니다. 결국 모르는 게 더 많다고 할 수 있지요. 이런데 어찌 게으름을 피울 수 있겠습니까?"

자만은 자칫 이제까지 쌓은 성과를 한방에 무너뜨릴 수도 있음을 알아야 한다.

퇴계 선생과 함께 조선 성리학의 양대 산맥으로 일컬어지는 율곡 선생은 스무 살 때 다시 공부를 시작하면서 스스로를 경계하기 위해 〈자경문自警文〉을 써서 곁에 두었는데, 오늘날 더욱 절실한 평생 공부의 중요성을 언급한 부분이 인상적이다.

"공부에 노력할 때는 느리지도 급하지도 않게 하라. 공부는 죽은 후에나 끝나는 것이니 급하게 그 효과를 구하지 말라. 이것 역시 이익을 구하는 마음이다. 만약 이와 같지 아니하면 물려받은 신체를 욕되게 함이니 사람의 도리를 다하는 것이 아니다."

느리지도 급하지도 않게 평생 동안 꾸준히 해야 하는 것, 그것이 바로 공부다!

3

시, 매일 한 알씩 먹는
감성 비타민

———

사람의 육체를 탐구하는 것이 의학이라면
인간의 정서를 탐구하는 것이 문학인 것 같다.
모든 시는 연가 아니면 애가이다.
삶과 죽음 사랑과 미움 그리고 기쁨과 슬픔
그 어느 것을 시로 노래하더라도
연가 아니면 애가로 분류될 수 있다고 본다.

_유안진

나비와 눈사람

길을 가는데 나비 한 마리가 아이에게 날아들었다. 아이는 일단 호기심 어린 눈빛으로 나비를 쳐다본다. 그다음엔 나비를 보고 활짝 웃는다. 그리고 나비를 잡으러 팔을 뻗고 나비가 이리저리 피하면 나비를 쫓아 뛰어다닌다. 지치지도 않는다. 계속해서 따라다닌다. 나비가 좀 멀리 날아가면 그제야 아이도 멈춘다. 그리고 나비가 작은 점이 되어 사라질 때까지 고개를 들고 쳐다본다. 대부분의 아이들이 이렇다.

이번에는 눈이 오는 상황에 놓인 아이들을 생각해보자.

지금 하늘에서 함박눈이 펑펑 오고 있다. 채 30분도 되지 않아 벌써 눈이 10센티미터나 쌓였다. 날씨는 춥다. 그런데 동네 아이들은 골목에 나와 함박웃음을 보이며 즐거워한다. 손으로 눈을 뭉쳐 동그랗게 만들고 이어 그 뭉친 눈을 쌓인 눈 위에 굴린다. 눈덩이가 점점 커진다. 눈사람을 만들 모양이다. 몇 바퀴 굴리지 않았는데도 금세 눈사람의 형체를 갖춘다.

각자 눈사람 하나씩을 만든 후, 이제 아이들은 본격적으로 눈싸움을 한다. 눈에 맞아 우는 아이도 있고 눈을 맞지 않으려고 도망치는 아이도 있다. 눈싸움이 끝나면 이제 짝을 지어 썰매를 탄다. 앞에서 끌어주기도 하고 뒤에서 밀어주기도 한다.

꽈당 넘어져도 훌훌 털고 벌떡 일어난다. 노란 콧물이 흘러도 기침을 해대도 손과 발이 시려도 추운 줄 모른다. 추위를 느낄 겨를이 없다. 눈이랑 노는 게 그저 기쁘고 행복하다.

이제 아이가 아닌 어른이 겪는 상황으로 바꿔보자.

만약 나비 한 마리가 나풀거린다면 어떻게 할까? 아이처럼 환하게 웃으며 나비가 날아가는 방향으로 따라갈까? 물론 그렇게 하지 않을 것이다. 바쁜데 그럴 시간도 없을 뿐더러 나비를 쫓아다니는 게 무의미한 일이라고 생각할 게 뻔하다. 그것도 아니라면 애초부터 나비에 무관심해서 발견조차 못할 것이다.

그리고 이번에는 함박눈이 펑펑 내리는 상황이다. 어른들의 태도는 어떨까? 내일 아침 출근길을 걱정하며 한숨부터 내쉴 것이다. 재수 없이 빙판길에 넘어지지나 않을까 바짝 긴장된 몸으로 조심조심 걸어 다닌다. 녹은 눈 때문에 더러워진 신발을 보니 짜증이 난다. 빨리 이 겨울이 끝났으면 한다. 그러다 이렇게 중얼거린다.

"이제 눈만 봐도 지겹네. 제발 좀 그만 오지."

왜 우리는 변한 걸까?

어릴 때는 낙엽만 휘날려도 눈물이 나고 별 웃기는 이야기

216

도 아닌데 자꾸 웃음이 나고 친한 친구와 눈만 마주쳐도 마냥 행복했다.

그런데 어른이 된 후로는 웃음기가 사라졌다. 사물에 대한 호기심과 애착도 느슨해지고 가슴 아픈 일을 접해도 무덤덤해진다. 그뿐만 아니라 가끔은 얼음장처럼 차갑고 냉정해진다. 마음의 여유가 사라지고 낭만이 사라진다.

어른이 되면 왜 이렇게 감성이 메말라가는 걸까? 순백의 순수는 어디로 사라진 걸까?

아마도 어른이 되면서 감당해야 할 일들이 많아졌기 때문일 것이다. 치열한 경쟁 속에서 살아남기 위해서는 남보다 더 뛰어야 한다. 영어 단어라도 하나 더 외워야 하고 내게 도움을 줄 만한 대상을 만나 인맥도 쌓아야 하고 영업도 해야 하고 틈틈이 실력도 갖춰야 한다. 그리고 남들을 설득하기 위해 논리를 세우고 근거를 제시해야 한다.

하루하루가 전쟁과도 같은 삶이 계속 펼쳐지고 있는데 순수가, 낭만이 눈에 들어오겠는가. 세상이 이렇게 만든 건지 아니면 스스로 그렇게 변한 건지 이제는 알 수도 없다. 목표달성과 개인성과에만 집중하다 보니 촉촉한 감성보다는 냉철하고 냉정한 이성이 지배하는 삶을 살게 된다.

앞으로 펼쳐질 인생은 안 봐도 훤하다.

더 팍팍해질 것이고 늘 쫓기듯 살아가게 될 것이다. 그러면 더더욱 감성은 고갈되고 날카롭고 차가운 이성만 발달할 것이다. 이러면 결과는 안 봐도 눈에 선하다. 잃어버리게 된다. 아름다운 추억도, 아름다운 감성도 그리고 아름다웠던 어린 시절의 나도.

이러다 보면 결국 나는 사라지고 만다. 심하게 표현한다면 일하고 돈 버는 기계로만 남게 된다.

잃어버린 것들에 대하여

잃어버린 감성, 잃어버린 추억, 잃어버린 순수, 잃어버린 나를 되찾아야 한다. 미국의 유명한 컨설턴트이자 강연가인 존 아이조 박사는 《삶의 열정을 재발견하라》에서 어린 시절의 나로 돌아가라고 말하고 있다.

위스콘신에서 그렇게 어린 시절을 보낸 후 세월이 흘렀고, 그 아이는 이제 중년의 남자가 되었다. 그는 잠시 용접공으로 일하다가, 다음에는 청소년 선교회에서 일했고, 대학을 졸업하고 박사학위를 취득한 후 마침내 큰 경영 컨설팅 회사에서 고위직에 이르렀다. 제프는 자신의 순수가 사라져가고 자신의 일이 단조롭고 재미없어져 가는 것을 느낄 수 있었다.

그때 그는 가로수 주변의 암석들을 조사하고 연구하며 많은 시간을 보냈던 어린 제프를 떠올렸다. 그는 자기가 진실로 어떤 사람이었는지 기억하기 시작했다. 그는 컨설팅 일을 하면서 자기가 가장 행복을 느낀 순간들은, 또 다른 매혹적인 화석을 발견하기 위해 이곳저곳을 뒤지고 다니며 암석들을 조사하던 그 사내아이처럼 뭔가를 발견하기 위한 임무를 띠고 밖으로 나가 모험심을 느낄 때였다는 것을 깨달았다.

생텍쥐페리는 《어린 왕자》의 서문에 이렇게 적었다.

"어른들은 누구나 다 처음엔 어린아이였다."

그 어린아이는 지금 어디에 있는가? 잠시 일상을 멈추고 뒤를 돌아보자. 그 어린아이가 저 멀리에서 다시 돌아오라고 손짓하고 있다. 사실 우리는 감성과 순수에 많이 목말라하고 있다. 《어린 왕자》가 태어난 지 어느덧 80년도 더 흘렀지만 여전히 이 책이 읽히고 있다는 건 그만큼 우리의 삶이 각박해졌다는 반증이기도 하다.

감성과 순수를 찾아 떠나보자. 맘에 맞는 친구와 함께 기차

여행을 가는 것도 좋다. 정동진 바닷가 모래톱에 홀로 서 있는 소나무에게 안부도 전하고 돌아오는 길에 찐 계란을 나눠먹어도 좋다. 어릴 적에 다니던 초등학교에 들러 철봉에 거꾸로 매달려 보는 것도 좋다. 음악 신청이 가능한 카페에 들러 가슴 뛰게 했던 가수의 노래를 신청해 그윽한 커피향과 함께 감상하는 것도 좋다. 옷깃을 세운 채 공원이나 고궁의 돌담을 천천히 걷는 것도 좋다. 동창생들과 만나 학교 앨범을 넘기며 그때 그 시절을 추억하는 것도 좋다.

이런 것들을 매일 하면 좋겠지만 매일 시간을 낼 수도 없다. 또한 비용도 만만치 않다.

하루 한 편의 시

그렇다면 감성과 순수를 찾기 위해 번거롭지 않고 최저 비용으로 최대 효과를 낼 수 있는 방법은 없을까? 홍성남 신부는 《새장 밖으로》란 책에서 문학책이 주는 마음의 기쁨에 대해 말하고 있다.

삭막한 시간들을 버텨낼 수 있었던 것은 문학책들 덕분이었습니다. 톨스토이, 도스토옙스키, 헤르만 헤세, 카프

카……. 마음이 메말라가는 것을 막기 위해 저도 모르게 가까이 했던 책들이었지요. 책을 보면서 숨을 쉴 수 있었고, 마음에 물기가 돌았습니다.

책은 사람의 마음을 촉촉하게 해주는 물입니다. 문학은 우리 안의 여러 캐릭터들을 거울처럼 보여주는 수단입니다. 우리는 문학을 통해 자기 안의 감정들을 살려냅니다. 아무리 가난해도 책을 끼고 사는 사람의 인생은 절대로 사막화되지 않습니다. 지금은 경제적인 어려움보다는 마음이 사막화되어가는 것이 더 큰 문제인 시기입니다.

문학 서적은 직접 돈을 벌 수 있게 해주지는 않지만 마음이 메말라가는 것을 막아주는 아주 중요한 기능을 합니다.

소설, 에세이, 자기계발서 등 많은 책이 있지만 그래도 감성의 보고는 뭐니뭐니 해도 시가 아닐까. 사막 같은 마음에 한 줄기의 물줄기를 원한다면 시 읽기를 강력 추천한다. 지금 당장 서점에 들러 시집 한 권을 사보자. 머리맡에 두고 눈을 뜨자마자 혹은 화장실에서 볼일을 볼 때 경건한 마음으로 읽어보자. 괜히 처음부터 욕심 부리지 말고 더도 말고 덜도 말고 하루에 딱 한 편씩만 읽자. 학교 공부 진도 나가듯 쭉쭉 빼지 말고 천천히 음미해보자. 하루에 한 편이면 충분하다. 그리고 분석하고 해체하고 조합하지 말고 그냥 시 자체를 느끼자.

시 한 편 속에는 틀에 박힌 생각을 깨우는 번뜩임이 있고 소녀의 감각을 깨우는 감성이 있고 세상을 호기심으로 바라보는 아이의 마음이 담겨 있다. 멈추지 않고 하루 한 편의 시를 섭취하면 마음은 조금 더 유연해지고 여유로워질 것이다. 하루의 시작이 분명 달라질 것이다. 낙엽이 뒹구는 것만 봐도 깔깔거리고 푸른 하늘만 봐도 설레는 그때의 그 감성으로 회귀할 것이다. 세상을 바라보는 시선이 따뜻해지고 사람을 대하는 태도 역시 변할 것이다. 차츰 경쟁에서 살아남아야 한다는 강박에서도 조금은 자유로워질 것이다.

이렇게 매일 한 편씩 마음의 비타민을 복용하다 보면 어느 날 뜻하지도 않은 손님을 맞이하게 될지도 모른다. 바로 '시마詩魔'다. 즉 '시의 귀신'이다. 맛있는 음식도 자꾸 먹다 보면 그 음식을 직접 만들고 싶은 마음이 생기듯 시도 매일 읽다 보면 어느새 시심이 마음 가득 쌓여 시를 짓고 싶은 마음이 생기기 마련이다. 시마를 만나게 되면 시를 쓰고 싶어 미칠 지경에 이른다.

고려 중기의 문신이며 문인이었던 이규보는 시마를 만났을 때의 감정을 이렇게 표현했다.

"네가 오고부터 모든 일이 기구하기만 하다. 흐릿하게 잊어버리고 멍청하게 바보가 되며 주림과 목마름이 몸에 닥치는 줄도

222

모르고 추위와 더위가 몸에 파고드는 줄도 깨닫지 못하며 계집종이 게으름을 부려도 꾸중할 줄 모르고 사내종이 미련스러운 짓을 하더라도 타이를 줄 모르며 (…) 술을 만나면 행동이 더욱 거칠어지니 이것이 다 네가 그렇게 시킨 것이다."

혹 내게 시마가 찾아온다면 기꺼이 맞이하자. 설령 찾아오지 않는다 해도 매일 시 한 편 읽기는 멈추지 말자. 나의 감성을 위해, 낭만을 위해 그리고 눈꽃같이 순결한 나의 순수를 위해 아침 식전에 시 비타민을 꼭 복용하자.

4

지금 이 순간,
난 행복을
포기하지 않겠다

———

행복이란 자신에게 국한되지 않은
다른 무언가를 사랑하는 데에서
싹트는 것이다.

_윌리엄 조지 조던 William George Jordan

돈과 행복의 관계

"돈이 곧 행복이다." 이 명제에 동의하지 않는 사람이 과연 몇이나 될까? 속세를 떠난 사람이거나 소유에 대한 개념이 없는 사람 혹은 돈에 크게 배신을 당한 사람이 아니라면 대부분 사람들은 돈이 행복과 아주 밀접하다고 생각할 것이다.

실제로 한 여론조사에서도 이런 결과가 나왔다. 20~30대 미혼남녀를 대상으로 행복의 조건 1순위가 무엇인지를 물었다. 먼저 2순위부터 말하자면 그들은 행복의 조건으로 '건강'을 꼽았다. 그리고 행복의 조건 1순위는 다들 예상하겠지만 '경제력'이었다.

돈이 지배하는 세상이다. 돈으로 무엇이든 다 살 수 있고 돈만 있으면 불가능한 일도 가능해진다고 믿는 세상이다. 돈은 우리에게 많은 것을 보장해준다. 풍족한 생활을 할 수 있게 하고 원하는 것을 가질 수 있게 한다. 때론 돈으로 환심을 사 사람의 마음까지도 얻을 수 있다. 이러다 보니 돈이 행복의 전부이며 돈과 행복의 가치가 절대적으로 비례한다고 착각하는 사람들이 점점 늘어나고 있다. 그런데 제대로 알아야 할 게 있다. 행복이 반드시 소득이나 소유와 비례하는 건 아니라는 사실이다.

미국의 경제학자인 리처드 이스털린은 1974년 논문을 통해 돈과 행복의 관계에 관한 연구결과를 발표했다. 일명 '이스털린의 역설Easterlin's paradox'이란 건데 이 이론을 설명하자면 기본적인 욕구가 충족되면 소득이 증가해도 행복에 큰 영향을 끼치지 않는다는 것이다. 그는 미국, 프랑스 국민의 행복지수보다 비누아투, 방글라데시 등의 가난한 나라 국민의 행복지수가 더 높다는 사실을 근거로 제시했다.

고기뷔페를 생각해보자. 오늘은 정말로 많이 먹겠노라 다짐하며 들어서지만 막상 몇 점 먹다 보면 배가 불러 젓가락을 놓게 된다. 처음에 맛있던 고기가 점차 맛없게 느껴진다. 많다고 해서 만족감이 지속되는 건 아니다. 이렇듯 돈 혹은 물질이 행복의 일부는 될 수 있겠지만 전부는 될 수 없다. 아무리 돈과 물질이 많다고 해도 채울 수 없는 부분이 분명 있다는 말이다.

그렇기 때문에 우리가 보다 행복하길 원한다면 빈 가슴을 채워줄 수 있는 다른 것들을 모색해야 한다.

행복은 어디에 있는가?

행복은 어디서 오는 걸까? 왜 우리는 행복을 가질 수 없는 걸까? 이 세상 어딘가에 행복이 분명 있긴 할 텐데 왜 그것을 발견하지 못하는 걸까?

"행복은 저 멀리 있는 파랑새도 아니고 그렇다고 거창한 것도 아닙니다. 아주 가까운 곳에서 그리고 맘만 열면 수시로 만날 수 있습니다."

이는 이미 행복을 경험하고 있는 많은 이들이 행복에 대해 말하는 내용이다. 그렇다. 미국의 유머 작가로 유명한 빌링스는 "행복을 찾아 나선 사람이 행복을 찾아낸다면, 그것은 마치 할머니가 항상 코에 걸치고 있는 안경을 찾은 것과 같다"라고 했다.

행복은 의외로 가까운 곳에 있고 또한 단순한 것들이다. 강바람을 맞으며 자전거를 타는 것, 기타 치는 법을 배우는 것, 놀이터에서 활짝 웃는 아이의 눈망울을 바라보는 것, 수평선에 걸려 있는 노을을 바라보는 것, 길에서 100원짜리 동전을 줍는 것. 어쩌면 이러한 것들이 행복의 본질일 수도 있다.

셰익스피어는 이렇게 말했다.

"기쁠 때도 있고 슬플 때도 있다. 그중에 무엇을 기억하느냐에 따라 행복한 사람이 될 수도 있고 불행한 사람이 될 수도 있다. 슬픔이란 누구든지 이겨낼 수 있는 것이다. 그리고 이 슬픔을 이겨내지 못하는 사람에게는 늘 슬픔이 따를 것이다."

대문호의 말씀처럼 행복은 마음으로 만드는 것이다. 행복지수를 높이는 건 외부적인 환경이 아니라 내적인 환경들에 의해 더 큰 영향을 받는다.

한스는 어리석은 걸까, 행복한 걸까

독일의 유명한 동화 작가인 그림Grimm 형제가 쓴《행복한 한스》라는 동화가 있다.

7년 동안 일한 끝에 고향으로 향하는 한스. 그 동안 일한 보수로 금 한 보따리를 받았다. 그런데 금이 생각보다 무거웠다. 때마침 말을 탄 사람을 만나게 됐다. 한스는 금덩이보다 말이 더 유용하다고 생각했다. 말을 타면 다리도 안 아프고 집까지 편히 갈 수 있을 거라 생각했다. 그래서 말 주인에게 금덩이를 주고 말을 건네받았다. 말을 타고 가는데 갑자기 말이 앞발을 드는 바람에 한스는 그만 말에서 떨어지고 말았다. 때마침 농부가 소를 끌고 지나갔다. 한스는 농부에게 말을 줄 테니 소를 달라고 했다.

소를 얻게 된 한스는 그만 소에게 당하고 만다. 소의 뒷발에 치인 것이다. 이번에는 돼지 주인을 만나게 되어 소와 돼지를 바꿨다. 이런 식으로 한스는 계속 자신의 것과 남의 것을 바꿔 갔다. 그런데 그럴수록 한스는 손해를 봤다. 고향에 거의 다다

랐을 때 한스의 손에는 숫돌 하나만이 달랑 남아 있었다. 아주 귀한 금 한 보따리가 숫돌 하나로 변한 것이다. 그런데 그 숫돌마저도 잃고 말았다. 물을 마시다가 그만 우물에 빠뜨려버린 것이다. 아무것도 남지 않아 화가 날 법도 한데 한스는 오히려 행복한 표정으로 신에게 감사 기도를 올렸다.

"신이시여, 정말로 감사합니다. 어려울 때마다 저에게 좋은 물건을 선물해주셨습니다. 저는 분명 행운아입니다."

한스는 분명 어리석었다. 금덩이를 고스란히 들고 고향에 왔다면 여생을 부유하게 살았을 텐데 오는 길에 다 잃고 말았으니 말이다. 또 가진 걸 모두 잃었는데도 뭐가 좋은지 신께 감사 기도를 올린다. 행복하다고. 이 얼마나 어이없는 일인가.

만약 한스가 나의 자식이거나 형제였다면 기분이 어떨까? 금덩이를 그렇게 허무하게 잃고 말다니! 펄쩍 뛰고 환장할 노릇이다. 그런데 그건 나의 기준이다. 한스의 기준으로 보면 금덩이가 행복의 전부는 아니다. 어쩌면 한스는 어리석은 게 아니라 행복의 의미를 깨달은 선각자인지도 모른다. 한스는 어떤 물질에 자신의 행복을 맡기지 않은 것이다. 물질의 노예가 되어 비참한 결과를 맞이하고 싶지 않았던 것이다.

인간에게 있어서 인생의 궁극적인 목표는 행복이다. 물질이 아니더라도 스스로 행복하다고 생각한다면 그게 바로 행복이 아니겠는가. 가진 게 다소 부족하더라도, 이루고자 하는 것을 성취하지 못했다 하더라도 그 현신에 민족하고 주어진 환경을 행복이라 느낀다면 그게 진정한 행복 아니겠는가. 행복은 주어지는 게 아니라 만들고 수용하는 자의 몫인 것이다.

당분간은 나를 위해서만

영국 BBC의 한 프로그램에서 제시한 '행복 만들기 실천법'이다. 행복을 기다리지만 말고 이제 스스로 행복을 체험하고, 돈보다는 행복의 주인이 되길 바란다.

❶ 운동을 하라. 일주일에 3회, 30분씩이면 충분하다.

❷ 좋았던 일을 떠올려보라. 하루를 마무리할 때마다 당신이 감사해야 할 일 다섯 가지를 생각하라.

❸ 대화를 나누라. 매주 온전히 한 시간은 배우자나 가장 친한 친구들과 대화를 나누라.

❹ 식물을 가꾸라. 아주 작은 화분도 좋다. 죽이지만 말라!

❺ TV 시청 시간을 반으로 줄이라.

❻ 미소를 지으라. 적어도 하루에 한 번은 낯선 사람에게 미소를 짓거나 인사를 하라.

❼ 친구에게 전화하라. 오랫동안 소원했던 친구나 지인들에게 연락해서
만날 약속을 하라.

❽ 하루에 한 번 유쾌하게 웃으라.

❾ 매일 자신에게 작은 선물을 하라. 그리고 그 선물을 즐기는 시간을 가져라.

❿ 매일 누군가에게 친절을 베풀라.

이 순간을 즐겨라

일상 속에서 소소한 것들을 행복으로 받아들이고 '행복 만들기 실천법'처럼 하나둘 실천하며 산다면 행복지수는 분명 높아질 것이다. 그리고 또 하나 행복해지는 법을 추가하자면 자기가 좋아하는 일을 적극적으로 찾아 나서는 것이다.

나를 행복하게 만드는 일이나 행복을 주는 사람이 있다면 주저하지 말자. 당장 시작하고 당장 만나자. 행복을 위해선 뭐든지 아끼지 마라. 나중이란 없을지도 모르니까 말이다. 또한 지금 행복하지 않으면 나중에도 행복할 수 없다. 국내 자기계발 전문가 중 한 사람인 이숙영 작가는 《성공의 길은 내 안에 있다》에서 행복을 미루지 말라는 메시지를 이렇게 전하고 있다.

행복이란 나중에 얻을 수 있는 것이 아니다. 돈은 은행에

쌓아놓으면 나중에 이자까지 붙어 불어날 수 있지만, 행복은 돈이 아니다. 놔둔다고 해서 저절로 불어나는 것이 결코 아니다.

지금 누리지 못하는 행복은 나중에도 역시 누리지 못한다. 행복은 바로 지금, 바로 이 순간에 느낄 수 있는 감정이다. (…) 무슨 일을 하든지 미래를 담보로 지금 이 순간의 행복을 놓치지 마라. 행복은 바로 순간을 느끼고 호흡하는 것이다. 그래서 순간을 즐길 줄 아는 사람은 행복하다.

당신은 행복한가? 행복하길 원하는가? 행복의 답을 알았으니 당신은 이제부터 행복해질 것이다.

5

입 속의 붉은 칼을
지혜롭게
다루는 법

———

사람은 누구나 그가 하는 말에 의해서
그 자신을 비판한다.
원하든 원치 않든 말 한 마디가
남 앞에 자기의 초상을 그려 놓는 셈이다.

_랠프 월도 에머슨 Ralph Waldo Emerson

입 속에 숨겨둔 칼

《명심보감》에 이런 글귀가 나온다.

> 傷人之語 利如荊棘 (상인지어 이여형극)
> 一語傷人 痛如刀割 (일어상인 통여도할)

말조심에 관한 내용으로, "사람을 상하게 하는 말은 날카롭기가 가시 같고 사람을 해치는 말은 아프기가 칼로 베는 것과 같다"라는 뜻이다.

청나라 때 편찬한 시 수록집《전당서全唐書》에 수록된 〈설시舌詩〉라는 시도 말조심에 대해 노래하고 있다.

> 입은 재앙을 불러들이는 문이요
> 혀는 몸을 자르는 칼이로다
> 입을 닫고 혀를 깊이 감추면
> 가는 곳마다 몸이 편안하리라

오늘 하루 종일 내뱉은 말들 중에는 분명 독설과 비난과 저주가 담긴 것들이 허공을 떠돌고 있을 것이다. 어떤 사람은 감정이 솔직한 게 무슨 죄냐고 따질 수 있다. 또한 뒤끝이 없다는 걸 내세우기도 할 것이다. 본인은 괜찮을지 모르겠지만 분명 상대는 상처를 입게 된다. 혀끝은 날카롭고 뾰족해 때론 흉기와도 같다. 흉기를 막 휘두르면 어떻게 되겠는가? 상대뿐만 아니라 자기 자신까지도 상처를 입을 수 있다. 철학우화집《장자》에서 유산有山 윤재근 교수는 나쁜 말을 아카시아로 비유했다.

수풀에 나무들이 잘 살고 있는 곳은 아카시아가 없는 곳이다. 그런 수풀에 아카시아가 오면 주변의 나무들은 말라서 죽어가야 한다. 아카시아는 큰 뿌리만 땅 속으로 박아 제 몸을 서 있게 하고 모든 잔뿌리는 옆 나무의 뿌리에 박아 옆 나무가 빨아올리는 양분을 가로챈다. 그러니 아카시아의 옆 나무는 지독한 기생충에 걸려들어 오갈병에 걸려 시름시름 말라 죽어간다. 이처럼 말의 씨가 독을 품으면 아카시아뿌리처럼 기생충이 되어 맨 처음 입을 열었던 사람의 입으로 돌아온다.

무심코 내뱉은 말 한 마디로 인해 수십 년간 쌓아온 우정도 깨져 원수가 될 수 있다. 또한 생각 없이 쏟아낸 말 한 마디 때문에 공공의 적으로 둔갑할 수 있다.

235

왜 그 남자는 15년간 감금당한 걸까

말 한마디 잘못했다가 평생 끔찍한 삶을 살았던 한 남자의 이야기가 있다. 바로 영화 〈올드 보이〉다.

오대수(최민식 분)는 어느 날, 영문도 모르는 채 누군가에게 붙들려 15년 동안 독방에 갇히게 된다. 15년이 지난 후 그는 풀려난다. 자신을 가둔 사람에 대한 복수심으로 가득 찬 오대수는 이 수수께끼를 풀고자 백방으로 노력한다. 그러던 중 최면에 걸려 자신도 모르게 딸과 근친상간까지 저지르게 된다. 그리고 마침내 오대수 앞에 이우진(유지태 분)이 나타난다. 이 모든 것은 이우진의 계략이었다. 그렇다면 왜 이우진은 오대수를 15년간 감금하고 딸과 관계를 맺게 하는 그런 참혹한 일을 벌인 걸까? 고교 동창이었던 둘 사이에 무슨 일이 있었던 걸까? 그 수수께끼는 영화 말미 이우진의 대사에서 실마리가 풀린다.

"당신이 그날 일을 기억 못하는 진짜 이유가 뭔 줄 알아? 그건 말이야, 그냥 잊어버린 거야. 왜? 싱거운가요? 하지만 사실이야. 당신은 그냥 잊어버렸어. 왜? 남의 일이니까. 너무 하찮으니까. 미안해한다는 건 귀찮은 일이니까. 당신이 낸 소문이 점점 불어나서 이수아가 임신했다는 데까지 발전했어. 누나는 점점 소문에 빠져들기 시작하더니 결국에 그걸 믿어버리게 됐지. 그러더니 정말 월경이 그치고 배가 불러오기 시작했어. 자식인 동시에 조카를 임신한 소녀의 기분을 생각해봤어? 알겠어요? 당신 혀가 우리 누나를 임신시켰다니까!"

오대수가 아무 생각 없이 발설한 말로 인해 이우진은 누나를 잃게 되었다. 그게 이우진을 분노하게 만들었고 이우진은 오대수의 인생을 망가뜨리기 위해 오랜 시간 동안 이 모든 것들을 철저히 준비했던 것이다. 영화 막바지에 이르러 오대수는 자신의 혀를 가위로 자르며 이우진에게 용서를 구한다.

영화를 보고 있노라면 다소 이해되지 않는 부분도 있고 잔인한 장면도 있지만 여하튼 사람의 말 한 마디가 얼마나 무서운 결과를 초래하는지는 확실히 깨달을 수 있다. 신중하지 못한 혀끝의 씨, 말의 씨는 화살이 되어 결국 자신의 심장으로 되돌아온다.

말의 무서움

조선시대《명신록名臣錄》을 보면 말의 무서움에 대해 전해져 오는 이야기가 하나 소개되어 있다.

조선을 건국한 태조는 자식들 간의 왕위 쟁탈전을 보고 크게 실망했다. 그래서 왕위를 버리고 함흥으로 갔다. 왕위 쟁탈전에서 승리한 이방원은 함흥에 계신 아버지께 환궁을 요청했다. 그러나 태조는 꿈쩍도 하지 않았다. 결국 이방원은 성석린을 특사 자격으로 함흥에 내려보낸다.

"자네가 반드시 내 아버지를 모셔오게."

함흥으로 간 성석린이 태조의 머무는 곳 근처에서 불을 피워 밥을 짓는 시늉을 하자, 태조가 보고 성석린을 집안으로 들어오게 했다.

"마땅히 머물 곳이 없어 자칫 노숙을 할 판이었는데 이렇게 친절을 베풀어주셔서 감사합니다."

"나도 무료하던 차에 참 잘된 일이오."

성석린은 태조의 마음을 움직일 요량으로 넌지시 "부자관계는 곧 천륜이다"라는 말을 건넸다. 그러자 태조가 변색하며 물었다.

"네 이놈! 너도 네 임금을 위하여 나를 달래려고 온 것이냐?"

성석린은 진의를 숨긴 채 말했다.

"아니옵니다. 신이 만약 그런 목적으로 왔다면 천벌을 받을 것입니다. 신의 자손은 눈먼 장님이 될 것입니다. 그러니 괜한 오해는 마십시오."

이에 태조는 성석린의 말을 믿게 되었다. 이러한 성석린의 노력으로 태조는 결국 환궁을 하게 되었고 태조와 이방원 사이는 다시 화합에 이르렀다.

그런데 놀라운 건 성석린의 자손이 눈먼 장님이 되고 만 것이다. 맏아들 지도와 지도의 아들 귀수와 귀수의 아들까지 모두 삼대에 걸쳐 장님이 되고 말았다.

《논어論語》에서 자공子貢이 이르기를 '사불급설駟不及舌'이라 했다. 즉 네 마리 말이 끄는 아무리 빠른 전차라 하더라도 세 치 혀를 놀려 하는 말을 따라가 되돌릴 수 없다는 뜻이다. 말은 아주 빠르게 퍼지고 또한 주워담을 수가 없다. 그러기에 입을 열기 전 혀끝에 독이 묻어 있는지 아니면 사랑이 묻어 있는지 점검한 후 입속의 말을 꺼내야 한다.

'삼사일언三思一言'이라 하지 않았는가. 늘 말하기 전에 세 번 생각한 뒤 그 말이 세상 밖으로 나와도 괜찮다고 판단될 때 그때 말하는 버릇을 기르자. 조금 늦게 말한다고 해서 뒤처지는 건 아니다. 오히려 그게 본인을 위해 그리고 타인을 위해서도 더 이로운 일이다.

6장

마음이 자꾸 무너질 땐,

상처 앞에 서야 할 시간

1

내면의 아이와
함께 걷는 법

———

무엇보다도 당신은 아직 젊으며
모든 것이 지금 시작되려 하고 있습니다.
성급히 대답을 찾으려 하지 마십시오.
지금은 그 문제 속에서 살아보십시오.
그러면 당신은 먼 장래의 어느 순간,
그 대답 속에 살게 될 것입니다.

_공지영

내면의 상처 앞에 섰을 때

여기 여성 작가가 한 명 있다. 그녀는 1882년 1월 25일 영국 런던의 켄싱턴 지역에서 태어났다. 그녀의 아버지 레슬리 스티븐 경은 철학자요 문인이었다. 그녀는 나름 책과 접할 기회가 많았고 자연스럽게 글쓰기와 사색의 즐거움에 빠지게 되었다. 많은 우여곡절이 있었지만 어찌됐든 그녀는 1915년 처녀작 《출항》을 발표했고 이어 《댈러웨이 부인》, 《등대로》, 그리고 1928년 《올랜도》를 연달아 세상에 선보였다. 엄청난 인기를 얻었고 그 시대의 대표작가가 되었다. 하지만 그녀는 1941년 3월 28일, 햇살에 반짝반짝 빛나던 우즈 강에 스스로 걸어 들어가고 만다. 서서히 물이 가슴을 넘어 코와 이마까지 차올랐지만 그녀는 계속 걸어갔다. 그러고는 끝내 나오지 않았다. 자살을 한 것이다.

모친을 여읜 뒤 심한 충격을 받은 것과 1904년 부친마저 잃은 뒤 우울 증세가 심해진 탓도 있었지만 그녀를 평생 괴롭혔던 건 어린 시절, 의붓오빠에게 당했던 성추행의 잔흔이었다. 그 상처가 죽음을 부른 원인 중에 하나라는 건 부인할 수 없다. 그녀는 여성주의 문학의 선구자인 '버지니아 울프'다.

종이에 손가락이 베이면 피가 난다. 하지만 그 피는 곧 멈추고 상처 부위는 아문다. 하지만 마음의 상처는 회복이 참 더디다. 영영 회복되지 않는 경우도 있다. 그만큼 마음의 상처는 증상이나 후유증이 무섭다.

이런 말이 있다.

"세월은 상처를 아물게 하는 게 아니라 상처를 안고 살아가는 법을 가르쳐 준다."

이 말에 깊은 공감을 나타낸 사람이 있다. 〈마이티 하트〉, 〈제노바〉 등을 만든 영화감독 마이클 윈터바텀인데 그 역시 상처에 대해 같은 견해를 피력했다.

"상처를 완전하게 극복하고 이겨내는 경우는 없고, 단지 그것을 대체하는 다른 것으로 견뎌 내면서 삶을 이어가는 것뿐이다."

마음의 상처는 쉬이 지워지지 않는다. 지난날을 모두 잊고 새롭게 출발하는 건 쉽지 않다. 그렇다고 평생 상처의 늪에서 허우적거리라는 건 아니다. 그렇다면 상처의 흔적을 희미하게 하고 아픈 기억으로부터 조금 더 멀어지는 방법은 없을까? 상처 치유를 위한 3가지 단계를 소개하고자 한다.

1_그대로 받아들이기

심리학 용어 중에 '내면아이inner child'라는 게 있다. 어린 시절 받았던 상처의 기억을 떨쳐버리지 못하고 어른이 된 후에도 계속해서 그 상처의 기억을 안고 살아가는 것을 말한다. 아마도 대부분 사람들은 마음속에 내면아이 하나씩은 품고 살 것이다. 그렇다면 어떻게 하면 내면아이를 내 마음에서 떠나보낼 수 있을까?

그 첫 번째 단계가 바로 '받아들임'이다.

숱한 일들과 맞닥뜨렸을 때, 그 일이 좋은 일이라면 아무런 저항 없이 수용하면 되지만 그 일이 기억하고 싶지 않은 나쁜 일이라면 거부하고 회피하고 외면하기 마련이다. 피할 수 있는 일이라면 피하는 게 상책이지만 피할 수 없는 일이라면 어떻게 하겠는가? 어찌할 도리가 없다. 그러니 숨거나 회피하지 말자. 기꺼이 그 일을 받아들이는 것이 오히려 그 문제를 내려놓은 길이 된다.

'받아들임'은 결코 체념이 아니다. 또한 자포자기도 아니다. 현실을 똑바로 직시하고 다시금 재기를 노리는 적극적인 삶의 각오며 의지다. 흔히 사람들은 나쁜 일을 경험한 후에 그것을 무작정 잊고자 발버둥 친다. 그 노력이 통한다면 좋겠지만 그것은 실제로 불가능하다. 잊으려 할수록 더 생각난다. 생각하게 되면 다시 집착하게 되고 결국 지난 일에 발목이 잡히는 악순환을 겪게 된다.

힘들면 힘든 대로, 아프면 아픈 대로, 눈물이 나면 눈물이

나는 대로 그 나쁜 일을 인정하자. 그때의 상황과 그때의 나를 부정하지 말고 허락하자. 내 치부와 내 고민과 내 상처를 있는 그대로 끌어안는 것, 그게 바로 내 상처를 치유하는 첫 번째 길이다. 그러한 현실과 상황을 인정하면 저항하고 밀어내느라 소모했던 스트레스가 서서히 사라지게 된다. 되레 편안한 자유를 느낄 수 있는 시점이 찾아올 것이다.

2_표출하고 나누기

감당하기 어려운 충격이나 사건을 경험하는 순간, 마음 깊은 곳에 심한 병이 생긴다. 마음의 병, 한 번 자리 잡고 앉으면 어찌나 엉덩이가 무거운지 떠날 생각을 하지 않는다. 상처 부위가 점점 깊고 넓어질수록 나 자신은 점점 우울해지고 슬픔에 잠기고 겁에 질려 웅크리게 된다. 처음에 잘 치료한다면 연고 하나만으로도 끝날 수 있는 것을 그냥 방치하고 꼭꼭 숨겨뒀다가 결국 곪아 썩어 칼로 째고 고름을 짜내야 하는 심각한 상황에까지 치닫게 된다. 이렇듯 마음의 상처는 방치하지 말고 빨리 조치를 취해야 한다.

괜찮은 치유법 중 하나가 '사회적 명상법social meditation'이다.

한 방송 프로그램에서 상호소통을 통해 마음의 상처를 치유하는 사람들을 다큐 형식으로 보여준 게 있었다. 네덜란드의

246

휴메니버시티humaniversity('사람 만드는 학교'라는 의미)인데 이곳에 모인 사람들은 하나같이 마음에 상처를 지닌 이들이다. 이들은 해변가에서 서로 마주 본 상태에서 몸을 격하게 흔들며 몸의 긴장을 풀고 그다음에 마음속에 담아두었던 분노와 억울함과 슬픔 등의 감정들을 소리를 질러 다 토해낸다.

감정을 표출하다 보면 웃는 사람도 있고 우는 사람도 있다. 이게 바로 사회적 명상법이다. 이 방법은 홀로 하는 명상과 달리 같은 처지에 있는 사람들과의 교류 과정을 통해 '나 혼자'가 아니라는 위안을 얻게 되고 자연스럽게 내 상처도 드러내 마음의 짐을 덜게 한다.

실제로 사회적 명상법으로 많은 사람들이 상처를 유연하게 받아들이게 되었고 삶과 당당히 마주할 용기도 얻을 수 있었다.

마리사 피어의 《나는 오늘도 나를 응원한다》에서도 상처를 품지만 말고 밖으로 표출하기를 권하고 있다.

모든 화 밑에는 상처가 숨어 있다. (…) 화가 치밀어 오른다면 당신이 무언가 마음에 상처를 입었다는 사실을 받아들이고 그것을 밖으로 표현하는 것이 바람직하다. 자신의 감정과 솔직하게 마주해야 한다. 물론 쉽지 않은 일이다. 나역시 누군가로 인해 마음에 상처를 입고 내 감정을 표현하기 위해 전화를 걸려고 했지만 그게 잘 되지 않았다. 하지만 일단 전화를 걸어 감정을 표현하고 나자 상대방과의 관계가 훨씬 잘 풀렸다.

병은 자랑하라고 하지 않았던가. 마음의 상처도 마찬가지다. 혼자서 끙끙대다가는 괜히 상처만 더 키우게 된다. 물론 상처를 남에게 보인다는 건 부끄럽고 자존심이 상하는 일이다. 그러나 털어놓는 게 더 낫다. 털어놓고 나면 적어도 숨겨야 하는 부담은 사라지게 된다. 또한 따뜻한 위로와 함께 좋은 해결법도 얻을 수 있다. 표출하고 나누면 상처는 고름을 짜내는 것과 같이 시원해지고 치유의 효과를 얻게 된다.

3_나를 안아주기

스스로 상처를 자초하는 경우도 있지만 대부분의 상처는 외부 상황이나 타인에 의해 받게 되는 경우다. 뜻하지 않은 나쁜 일이 닥치면 가장 상처 받는 건 본인 자신이다. 자칫 그 상처로 인해 자존감이 크게 훼손되고 깊은 실의에 빠지기도 한다. 그렇다고 자기 자신을 놓아서는 안 된다. 자기 자신을 미워하거나 비난해선 안 된다. 이런 때일수록 자기 자신에 대한 신뢰와 사랑이 더욱 필요하다.

아놀드 폭스와 배리 폭스는 《인생을 바꿔주는 마법의 열쇠》
에서 '스스로 사랑하기'에 대한 짧은 일화를 소개하고 있다.

나는 불을 쬐려 하는 것처럼 그녀를 향해 손을 내밀었다.
"따뜻한 기운이 전혀 없네요. '나는 나 자신을 사랑해요'라
고 말해보세요."
"하지만 사랑하지 않는데요." 그녀가 항의했다.
"어쨌거나 말해보세요." 나는 최대한 '모든 것을 다 아는 의
사'의 어조로 명령했다. "'나는 나 자신을 사랑해요'라고 말
해보세요."
"나는 나 자신을 사랑해요."
"더 크게."
"나는 나 자신을 사랑해요."
"턱을 내밀고요. 당신을 믿게 만들어보세요!"
"나는 나 자신을 사랑해요." 그녀의 얼굴에 희미하게 미소
가 보이기 시작했다.
"바로 지금 당신의 감성대는 당신의 열정과 자기애를 엔도
르핀으로 바꾸고 있어요. 사랑하는 체해도 말이죠. 이런,
이제 따뜻한 기운이 조금 느껴지네요."
그녀가 웃었다. "저는 따뜻한 여자예요."

이 일화처럼 설령 자신을 사랑하지 않는다 해도 일단은 사랑한다고 말해보자. 말에 행동이 따라가고 생각대로 된다고 하지 않던가. 자꾸 자신에게 사랑한다고 고백하고 격려해주자. 상처뿐인 인생을 어루만져주자. 두 팔을 벌려 자신을 꼭 안아주자. 손바닥으로 따스하게 쓰다듬어주자. 그리고 다정하게 말하자.

"괜찮니?"

그리고 고개를 끄덕이며 대답하자.

"괜찮아."

내가 나를 위로하고 격려하는 것만큼 더 훌륭한 치유법은 없다.

2

아직도 아물지 않은
마음 알아주기

―――

나는 상처 입은 사람에게
그가 어떻게 느끼는지를
한 번도 물어본 적이 없다.
나는 상처 입은 사람을 볼 때마다
내가 마치 상처 입은 사람인 것처럼 된다.

_월트 휘트먼 Walt Whitman

보이는 상처와 보이지 않는 상처

살다 보면 이런저런 상처를 입기 마련이다. 자전거를 타다 넘어져 무릎이 까지기도 하고 친구의 장난으로 얼굴을 다쳐 흉이 지기도 하고 뜨거운 국물을 쏟아 손등에 화상을 입고 고생하기도 한다. 겨울에는 재수 없게 빙판길에서 미끄러져 깁스를 하기도 한다.

이처럼 몸에 상처가 나는 건 일상다반사다. 평생 장애로 남을 만큼 큰 사고가 아닌 이상 몸에 난 상처는 아물기 마련이다. 간혹 흉터가 남기도 하지만 그 흉터마저도 시간 앞에서는 서서히 아물어간다.

문제는 몸의 상처가 아닌 내면의 상처다. 몸에 상처가 나듯 내면에도 상처가 생긴다. 보기엔 멀쩡해 보여도 표현을 안 할 뿐 누구나 내면의 상처는 갖고 있다. 어떤 사람은 혼자서 감당할 수 없을 정도로 크고 심각한 상처를 갖고 있고 또 어떤 사람은 비교적 가볍고 덜 심각한 상처를 갖고 있다. 하지만 가볍고 덜 심각하다고 무시할 바는 아니다. 사람마다 느끼는 상처의 무게와 질량이 다르기 때문이다.

"너 왜 그렇게 생겼니?"

이 말을 대수롭지 않게 넘기는 사람도 있지만 이 말에 치명적인 상처를 입고 몹시 괴로워하는 사람도 있기 마련이다.

마음에 상처를 유발하는 상황들은 아주 많다. 부모와의 관계가 어긋나면 잦은 말다툼으로 이어지고 말다툼은 서로의 감정을 건드려 심각한 지경에까지 이르게 된다. 심지어 말다툼으로 인해 부모 자식 간의 연을 끊는 이들도 있다. 사회생활에서도 상처를 쉽게 경험할 수 있다. 무시, 배신, 냉담, 외면, 간섭, 통제, 공포, 절망, 차별 등등 굴욕적이고 치욕적인 상황이 시도때도 없이 들이닥쳐 마음 이곳저곳에 상처를 낸다. 특히 사랑하는 이를 잃는 상실감은 더 아리고 괴로운 상처를 내면에 입힌다.

한 방송에서 아내를 잃고 실의에 빠진 남자의 사연을 소개했는데 결혼생활 18년 만에 찾아온 아내의 죽음으로 남자는 마음속 깊이 상처를 입었다. 남자는 죽은 아내를 하늘로 보내지 못하고 매일 출근하듯 아내가 묻힌 곳으로 갔다. 그러고는 그곳에서 대부분의 시간을 보낸다. 이제 멈출 만도 한데 남자는 벌써 몇 해 동안 그 일을 반복하고 있다. 일상은 엉망이 될 수밖에 없는 상황. 남자의 시계는 아내가 죽은 그날에 멈춰 있는 상태였다.

얼마나 상실감이 깊으면 저럴까 이해도 되지만 자신이 살아왔던 삶의 패턴까지 저버리는 건 참으로 안타까운 일이 아닐 수 없다. 마음의 상처는 쉽게 완치될 순 없지만 그렇다고 자신의 삶마저도 그 상처의 강물에 빠뜨려선 곤란하다.

심리학자인 네모토 기쓰오 교수는 《따뜻한 카운슬링》에서 마음의 상처가 일상을 지배하는 걸 이렇게 우려하고 있다.

■ 마음에 상처를 입었을 때는 그 영향이 일상생활로 확대되지 않게 하는 것이 무엇보다 중요하다. 그러기 위해서는 일상생활에 필요한 최소한의 행동을 거르지 않겠다고 스스로 다짐하자. 예를 들면 늦잠 자지 않기, 아침식사 하기, 정시에 출근하기, 저녁식사 하기, 취침 시간 지키기 등이다. 이런 일상적인 행동은 무슨 일이 있어도 빠뜨리지 않아야 한다.

아직도 아물지 않는 마음

상실의 상처를 안고 사는 가족 이야기가 또 있다. 마이클 윈터바텀 감독의 〈제노바〉라는 영화다.

자동차 사고로 갑자기 한 여자가 죽었다. 그녀는 조의 아내이자 두 딸 켈리와 메리의 엄마였다. 평범한 날에 일어난 가장 끔찍한 사건. 두 딸은 큰 상처를 입었다. 물론 조 역시 마찬가지였다. 사랑하는 아내를 잃은 상실감은 어떻게 말로 표현할 수 없었다. 목놓아 울고 싶어도 두 딸이 괴로워할까 봐 맘껏 울지도 못한다.

조와 두 딸은 아픔과 상처는 잊고 새 삶을 살기 위해 이탈리아의 낭만과 사랑이 넘치는 항구 도시 세노바로 떠났다. 제노바에 도착한 그들은 평안해 보였다. 조와 두 딸은 활기를 되찾고 차츰 새 생활에 적응해나갔다. 그러나 그건 겉으로만 그럴 뿐 마음까지 온전한 건 아니었다.

큰 딸 켈리는 매일 밤 술에 취해 있었고 어린 메리는 꿈속에서 엄마의 영혼이 자기를 찾아온다는 환상에 빠져 있었다. 조역시 두 딸에게 엄마의 빈자리를 자신이 채워줄 수 없다는 자괴감에 괴로워했다.

남들에겐 멋진 도시 제노바였지만 그들에겐 제노바가 또 다른 유형지였으며 상처를 숨기고 지내는 고독의 장소일 뿐이었다. 애써 태연한 척하지만 사실 상처는 치유되지 않았다. 장소만 옮겼을 뿐 상처는 여전히 지속되고 있었다.

이게 바로 내면의 상처의 속성이다. 쉽게 치유되지 않고 오래도록 남는다. 회복된다고 해도 그 시간이 참으로 오래 걸린다. 그 상처는 잊을 만하면 떠오르고 기억되어 끊임없이 괴롭힌다.

실제로 한 연구진은 상처의 기억이 쉽게 지워지지 않는다는 걸 실험을 통해 증명했다. 캐나다 댈하우지 대학교 포터 박사 팀이 가정 내 폭력이나 성적性的 학대 등으로 나쁜 일을 경험한 29명을 대상으로 연구를 했다.

나쁜 일로 인해 생긴 상처의 기억을 기술하게 했고 또한 이와 전혀 다른 일, 이를 테면 결혼, 출산, 여행, 승진, 보너스 등 최근 자신에게 일어난 기쁜 일도 함께 기술하라고 했다. 그런 후 연구진은 3개월 후와 4년 후 두 차례 그들을 불러 처음에 기술했던 나쁜 일과 좋은 일을 기억해 다시 기술하게 했다. 그런데 상이한 결과가 나왔다.

나쁜 일에 대해서는 대부분 정확히 기억하고 있었지만 좋은 일에 대해선 회상능력이 현저히 떨어졌다. 이 실험을 통해 포터 박사는 다음과 같은 결론을 내렸다.

"좋고 행복했던 일에 대한 기억은 잘 잊히는 반면 나쁜 일에 대한 마음의 상처는 쉽게 지워지지 않고 오래도록 남는다."

치유, 그 작은 출발

몸에 난 상처에 새살이 돋듯 마음도 그랬으면 좋으련만 마음의 상처는 쉽사리 회복되지 않는다. 차라리 이 내면의 상처의 속성을 이해하고 받아들이는 게 오히려 상처로부터 조금은 더 자유로워지는 방법이 아닐까 생각된다. 굳이 상처를 지우려고 애쓰지 않아도 되고 상처에서 벗어나지 못한 자신을 탓하지 않아도 된다. 원래 이러한 상처는 오래가는 법이다.

정신의학을 전공한 사이토 시게타 박사는《자신을 리셋하고 싶을 때 읽는 66가지 힌트》에서 치유의 방법으로 새로운 일에 시선을 돌리라고 조언하고 있다.

마음의 상처는 언젠가는 반드시 낫는다는 사실을 잊어서는 안 된다. 우선 상처 입은 자신감을 회복시켜라. 다른 사람과의 교제를 피하고 집에 틀어박힌 상태로는 잃어버린 자신감이 회복되지 않으므로, 밖으로 나가 뭔가 새로운 일에 도전해보는 게 좋을 것이다.

자원봉사를 시작한다. 사회인을 대상으로 하는 오픈 캠퍼스에 다니기 시작한다. 자격시험에 도전해본다. 스포츠를 시작한다. 너무 무리한 일을 생각하지 말고 가능한 범위에서 새로운 일에 도전한다. 그것이 잃어버린 자신감을 회복하는 계기가 되기 때문이다. 또 기분전환이나 스트레스 해소가 되는 취미를 갖는 것도 중요하다. 취미를 갖는 것은 강인한 자신을 만드는 데 도움이 된다.

너무 조급하게 상처를 지우려 애쓰지 말고 상처가 흐르는 대로, 시간이 흐르는 대로, 마음이 아파하는 대로 그렇게 기다리며 받아들이자. 아주 조금씩 새로운 기운을 흡수하며 기다리자.

3

감정,
담아 두는 것이 아니라
드러내는 것

———

남 몰래

슬퍼하는 자가

진심으로

슬퍼하는 자다.

_마르쿠스 발레리우스 마르티알리스Marcus Valerius Martialis

절제라는 창살에 갇힌 감정

그림, 춤, 음악, 글, 영화 등 예술 작품에 있어 아름다움을 표현하는 최고의 방법은 무엇일까? 표현방법은 다양하겠지만 최고의 백미는 아마도 '절제미'가 아닐까 싶다.

절제미란 무엇인가? 예술가의 욕구나 감정을 있는 그대로 폭발시키거나 과잉하는 게 아니라 정도에 넘지 않고 간소하고 담백하게 표현하는 걸 말한다. 절제미는 여백이 주는 힘이 있어 좀 모자란 듯하면서도 꽉 차게 하는 마력이 있고 한층 더 애절하고 고결하게 만들어 작품의 수준을 높인다. 이처럼 절제미는 예술작품에서 빼놓을 수 없는 최고의 표현방법이다.

그런데 절제가 예술작품에만 적용되면 좋으련만 예부터 사람에게도 감정의 절제가 은근히 강요되어 왔다. 남자에게는 흔히 '남자는 눈물을 보여선 안 된다' 혹은 '남자는 울어도 가슴으로만 울어야 한다'는 식으로 감정의 절제를 강요해왔고, 여자에게는 대표적으로 '시집살이는 벙어리 3년, 귀머거리 3년, 장님 3년'을 강요해왔다. 시집간 여성이 시집 사람이 되기 위해서는 무조건 참고 견디며 수긍해야 했던 것이다.

이렇듯 우리들은 자신의 감정을 숨기고 억제하는 걸 미덕이라고 배워왔다. 하지만 이건 다른 사람들에겐 미덕으로 보일지 모르지만 정작 당사자에겐 고통이며 눈물이고 마음의 병을 키우는 꼴밖에 되지 않는다.

감정을 억누르고 절제하는 것만이 능사가 아니다. 때론 감정을 토해내는 게 더 낫다. 울고 싶으면 울어야 한다. 한 방울의 눈물이 그 어떤 위로보다 더 도움이 되기 때문이다.

2001년 원숭이 실험을 통해 성인이 되어도 뇌세포는 계속 성장한다는 사실을 밝혀내 세계의 주목을 받은 바 있는 히사쓰네 다쓰히로 박사는 저서 《해피 브레인》에서 눈물이 경직된 뇌를 풀어주는 효과가 있다고 밝혔다.

> 우리는 마음속에 감정을 담아 두어야 할 때가 많다. 물론 감정을 억제하는 것도 필요하지만, 때로는 배출하는 것이 필요하지 않은가?
> 감정을 담아 두고 있을 때는 교감신경이 움직여 뇌가 긴장 상태에 있는 것에 비해, 좀처럼 다른 사람에게 알리지 못한 고민 등을 타인에게 털어 놓고 생각도 못한 눈물이 주룩 흘러내릴 때는 부교감신경이 움직여 뇌가 이완 상태로 변화한다. 고민을 털어 놓을 수 있는 사람을 좋아하게 되는 것도 이런 뇌의 구조에 의해서이다.

사실 마음속 응어리를 푸는 데 눈물만 한 게 없다. 실제로 미국의 심리학자 솔터 알레타 박사는 울지 않는 아이보다 실컷 울고 자신의 심정을 적극적으로 표현하는 아이가 질병 회복이 훨씬 빠르다는 연구결과를 내놓기도 했다. 그러니 울고 싶을 때는 울어야 한다. 눈물이 나오는데도 참으면 결국 몸이 울게 된다.

혹시 스마일 마스크 증후군?

현대인들은 감정의 절제로 인한 스트레스가 이만저만이 아니다. 직장인 A씨는 요즘 소화불량과 두통과 가슴의 통증 때문에 괴롭다. 물론 다른 동료들은 그가 겪고 있는 일련의 상황을 잘 알지 못한다. A씨는 인상 한 번 쓰는 일 없이 늘 활기찬 모습을 보이기 때문이다. 독심술을 부리지 않는 한 A씨가 힘들어한다는 걸 알기는 참 어려운 상황인 셈이다.

A씨는 자동차 세일즈 일을 한다. 매장에 오는 손님들을 늘 환한 미소로 대한다. 친절 역시 그의 무기다. 그러나 손님이 나가면 표정이 달라진다. 무기력해지고 말이 없어진다. 동료들 앞에서도 마찬가지다. 웃는 얼굴로 수다를 떨지만 뒤돌아서면 쓸쓸해지고 화장실에서 멍하니 앉아 있기도 한다.

A씨는 '스마일 마스크 증후군smile mask syndrome'을 앓고 있다.

일명 '숨겨진 우울증'이라 불리는 이 증후군은 주변 사람들로부터 받는 스트레스와 중압감 그리고 억압이 원인인 무서운 우울증에 속한다. 이 증후군은 감정 표현에 적극적이지 못하거나 주변의 시선을 신경 쓰는 사람들에게 주로 나타난다. 한 집안을 책임지는 가장이나 회사의 임원 그리고 대중들의 사랑을 먹고 사는 연예인들은 이 증후군이 언제라도 나타날 수 있는 위험군이다.

힘들면 힘들다고 누군가에게 그 감정을 있는 그대로 표출하고 도움을 구해야 하지만 차마 그럴 수 없어 혼자서 마음 깊은 곳에 꼭꼭 숨겨둬 병을 키운다. 침묵이라는 이름으로 스스로의 감정을 숨기고 잠재우고 억제시키면 결국 깊은 나락으로 떨어지게 된다.

하버드협상연구소의 총책임자이자 하버드 법대 명예교수인 로저 피셔와 하버드 법대 및 정신의학부 교수인 다니엘 샤피로는 《감성으로 설득하라》에서 감정억제의 부작용에 대해 이렇게 말하고 있다.

몸은 감정에 즉각적으로 반응한다. 예를 들어 땀이 나거나 얼굴이 벌게지고, 웃음이 터져 나오거나 마음이 조마조마해진다. 물론 감정표현을 억제하려고 노력할 수 있다. 예를

들어 기쁨으로 터져 나오는 웃음이나 실망 때문에 쏟아지
는 눈물을 참을 수도 있다. 그러나 당신의 몸은 여전히 생
리적인 변화를 경험한다. 그리고 감정을 억제하면 그에 따
르는 대가를 치르기 마련이다. 억제된 감정이 몸에 계속해
서 영향을 주기 때문이다. 긍정적인 것이든 부정적인 것이
든 감정을 억제하면 그로 인한 스트레스로 집중력이 떨어
지고, 중요한 문제에 열중하지 못하게 된다.

시속 150km로 감정 내던지기

감정을 표출하며 살자. 아픔과 상처와 비밀을 가슴에 담아
두지 말자. 겉으로는 웃고 있지만 속으로는 울고 있는 그런 이
중적인 삶은 청산하자.

감정에 솔직해야 하고 그것을 표출해야 하는 근거가 속속들
이 밝혀지고 있다.

독일 예나 대학교 연구진은 마음속의 부정적 감정, 즉 분노
와 울분, 억울함을 표출하면 수명을 2년 더 연장할 수 있다고
전했다. 6000명의 환자를 대상으로 연구한 결과, 부정적 감정
을 표출하지 않고 참는 사람은 맥박이 빨라져 혈압이 올라가
고 암, 신장 손상 등을 가져올 수 있다고 했다. 또한 정신 건강

에도 심각한 영향을 미칠 수 있다. 따라서 부정적인 감정도 적절히 표현하는 게 건강을 지키는 열쇠인 셈이다.

누군가를 위해, 누군가를 의식해 내 감정을 속이고 억제하는 건 나에게도 그리고 타인에게도 그리 좋지 않다. 강물이 흐르듯 내 감정을 있는 그대로 흘러가게 내버려두고 그 감정이 가슴 밖으로 넘치면 넘치는 대로 표현하고 따르는 게 내 행복과 건강을 지키는 일이다.

이런 연구 결과도 있다. 미국 미시간대 어니스트 하버그 박사를 비롯한 연구팀은 부부싸움으로 감정을 표출하는 부부가 감정을 억제하며 사는 부부보다 더 오래 산다고 발표했다. 17년 동안 35~69세의 192쌍의 부부를 대상으로 연구한 결과, 양쪽 모두 분노를 억누르는 부부 26쌍 가운데 50퍼센트는 어느 한쪽이 죽은 반면 둘 중 하나라도 분노를 터뜨리고 갈등 해결을 모색한 경우는 어느 한쪽이 사망한 비율이 25퍼센트로 낮게 나타났다는 사실이다.

하버그 교수는 "우리 사회는 분노나 자기감정을 드러내는 것을 바람직하지 않은 행동으로 여겨왔다. 그러나 그게 꼭 옳은 방식은 아니다. 이제는 그런 규범을 완화해야 한다. 분노와 자기감정을 표현하고 문제 해결을 위해 노력하는 것이 건강에 좋다"고 지적했다.

그렇다고 무턱대고 분노를 발산하거나 막무가내로 들이대는 건 곤란하다. 오히려 그게 화근이 되어 더 큰 싸움으로 번질 수 있다. 핵심은 솔직한 감정을 제때 표출하는 것이다.

만약 감정을 표출하는 게 어색하고 용기가 나지 않는다면 벤 알렉산더 본케가 《화 제대로 내고 자신있게 살아가기》에서 제시한 방법을 써보는 것도 괜찮을 듯싶다.

그냥 떠오르는 대로 욕하고 악담하라. 비트가 강한 음악을 크게 틀어놓고 따라 부르거나 창밖으로 마음속에 담아둔 말을 큰소리로 외쳐도 된다. 또 베개를 침대 위로 내동댕이 치거나 샌드백을 힘껏 두들겨도 쌓여 있던 감정이 해소될 것이다. 평소와 다른 자신의 모습에 당황해하거나 부끄러워 할 필요는 없다. 누구나 화낼 권리가 있기 때문이다.

불쾌감을 표출할 때 대상을 정해놓으면 효과가 더 커진다. 마음속으로 자신이 길들여지지 않은 야생동물이나 가상의 괴물과 싸우고 있다고 상상해도 된다. 그보다 더 좋은 것은 실제 자신에게 불쾌한 감정을 느끼게 한 사람이 내 앞에 있 다고 상상하는 것이다. 그리고 그에게 당한 수모만큼 그대 로 되갚아 보아라. 고래고래 소리 지르며 욕을 하거나 폭력 을 휘둘러도 된다.

오늘만큼은 자신을 위해 용기 있는 시간을 마련해보자. 평소에 한번 들이박고 싶었던 사람이 있다면 한 명을 골라 그가 지금 내 앞에 서 있다고 상상하면서 그 동안 쌓였던 분노와 짜증과 울분과 하소연을 다 쏟아부어보자. 그마저도 용기가 나지 않는다면 그냥 허공에 대고 소리라도 맘껏 질러보자. 경찰이 출동하면 어떠랴. 오늘만큼은 세상 사람들도 다 이해할 것이다.

4

나는 긍정의 편에
서기로 했다

———

행복의 문 하나가 닫히면
다른 문이 열린다.
하지만 우리는 닫힌 문을
너무 오래 바라보느라
열린 문을 보지 못한다.

_헬렌 켈러

낙관적인 사람 vs. 비관적인 사람

똑같은 일이 발생해도 낙관적인 사람과 비관적인 사람의 시각차는 현저히 다르다. 예컨대 빙판길에 넘어져 한 달 정도 병원 신세를 져야 할 상황에 처했다 치자.

낙관적인 사람은 '뼈만 부러진 게 어디야. 머리를 다쳐 죽지 않은 것만으로도 얼마나 다행이야'라고 생각한다. 그리고 이참에 휴가를 받았다 생각하고 맘 편히 치료받으며 쉰다. 그러나 비관적인 사람은 부러진 뼈가 붙을 때까지 한숨만 내쉬며 신세한탄을 한다. 어차피 시간이 지나야 낫는 건데 치료받는 내내 인상만 쓰고 한숨만 내쉬면 본인도 괴롭고 지켜보는 주위 사람도 괴롭긴 마찬가지다.

이렇듯 낙관적인 사람은 일이 뜻대로 되지 않았어도 크게 신경 쓰지 않고 다음을 기약한다. 그러나 비관적인 사람은 아무것도 안 하면서 거미가 거미줄을 뽑아내듯 걱정과 불만만 쏟아내기 바쁘다.

자기계발 분야 최고의 컨설턴트로 불리는 데일 카네기는 이렇게 말했다.

"인간의 행복과 불행을 결정짓는 건 분명 환경 탓만은 아니다. 행복과 불행을 판가름하는 건 자신에게 닥친 환경적 요인을 어떻게 받아들이느냐에 따라 결정된다."

심리학 박사인 수잔 제퍼스 역시 《도전하라 한 번도 실패하지 않은 것처럼》에서 어떤 마음가짐을 갖는 게 더 행복한지에 대해 말하고 있다.

■ 우리 자신의 삶을 생각해봅시다. 우리가 걱정하는 것의 대부분은 실제 일어나지 않습니다. 따라서 항상 걱정을 하는 것은 결코 '현실적'이지 않습니다.
중요한 것은 어느 쪽이 더 현실적인지를 가려내는 것이 아닙니다. 단지 행복해질 수 있을 때 불행해질 필요가 없다는 것입니다. 긍정적으로 생각하는 것이 우리 자신이나 주변 사람들을 좀 더 행복하게 해준다면 부정적으로 생각할 필요가 없지 않을까요?

공항에서 생긴 일

빙판길 상황과 비슷한 사례가 또 하나 있다. 동기부여 전문가이자 IBM에서 최고의 교육 담당자로 인정받았던 키스 해럴은 저서 《태도의 경쟁력》에서 자신이 공항에서 겪었던 일화를 전하고 있다.

어느 날 그는 차를 몰고 공항으로 향했다. 공항에 도착한 그는 발권 카운터에 있는 항공사 직원에게 외쳤다.

"샌프란시스코 행 비행기가 어느 게이트죠?"

"D게이트입니다. 그런데 시간이 15분밖에 남지 않았습니다. 다음 비행기를 이용하시는 게 좋을 듯합니다."

순간, 그는 선택을 해야 했다. 다음 비행기를 탈 것인가 아니면 포기하지 않고 끝까지 달릴 것인가. 평소 긍정적이고 낙천적이었던 그는 후자를 선택했다. 앞만 보고 달렸다. 달리는 내내 머릿속으로 스스로에게 말했다.

"넌 해낼 수 있어. 비행기를 탈 수 있어. 어서 달려!"

보안 검색대를 지나 D게이트로 가는 순환열차를 가까스로 탔다. 순환열차에서 내려 다시 달렸다. 계단을 몇 개씩 뛰어올랐다. 그리고 마침내 게이트에 다다랐다. 가쁜 숨을 몰아쉬며 항공사 직원에게 물었다.

"탈 수 있나요?"

"물론입니다. 그런데 두 시간 후에나 가능합니다. 문제가 좀 생겨서요."

그는 두 시간을 어떻게 보낼까 잠시 생각했다. 그런데 한 신사가 항공사 직원에게 소리치며 따지기 시작했다.

"이게 말이 됩니까? 두 시간이라니. 내가 누군 줄 알기나 해?

난 우수고객이고 이 항공사 최고경영자의 친구란 말이야!"

신사와 직원 사이의 언쟁을 뒤로하고 그는 일단 배를 채우기 위해 샌드위치와 음료를 샀다. 그다음엔 서점에서 책 한 권을 사 의자에 앉아 한 장을 내리읽었다. 그다음엔 팝콘을 샀고 할머니에게 전화도 했다. 나름대로 두 시간을 알차고 즐겁게 보냈다. 모든 일을 마치고 게이트로 와보니 신사는 여태껏 직원과 언쟁 중이었다. 언쟁을 마친 신사는 식식거리며 의자에 앉았다. 신사는 한참 동안 그를 바라보더니 언짢은 표정으로 물었다.

"당신은 뭐가 그리 즐겁소?"

"즐겁지 않을 이유가 없죠."

"비행기가 연발이 됐는데 즐겁단 말이오?"

"얼마나 다행입니까. 비행기가 연발이 되었다는 건 날씨가 좋지 않거나 비행기 결함이 생겼거나 아니면 조종사의 문제겠죠. 그런 문제를 안고 비행기가 이륙했다면 아마도 큰일이 났을 겁니다. 비행기 사고로 저 세상에 가는 것보다는 팝콘을 먹으며 이렇게 대화를 나누는 게 더 낫지 않나요?"

"그러고 보니 당신이 옳네요. 당신에게 한 수 배웠소."

신사는 미소를 짓더니 팝콘 몇 개를 얻어먹었다.

272

긍정을 선택하는 습관

소설가이며 철학자인 장 폴 샤르트르는 이렇게 말했다.

"인생은 B birth와 D death 사이의 C choice다."

우리는 매일 선택의 기로에 선다. 모든 일은 선택으로부터 시작된다. 어떤 선택을 하느냐에 따라 삶의 경로가 크게 달라진다. 병원에 누워 있으면서 휴가라고 생각하며 느긋하게 시간을 보낼 것인가 아니면 치료받는 내내 투덜대고 있을 것인가, 공항 의자에 앉아 맛있는 팝콘을 먹을 것인가 아니면 항공사 직원과 삿대질을 해대며 열을 올릴 것인가의 선택은 각자의 몫이다.

당신이라면 어떤 선택을 할 것인가? 어떤 생각과 마음으로 오늘 하루를 시작할 것인가? 긍정인가, 부정인가? 낙관인가, 비관인가? 당연히 현명한 선택을 할 것이다. 현명한 선택을 했다면 이제 선택을 넘어 부정을 긍정으로 바꾸는 사고의 전환도 시도해보자.

일본의 이미지 트레이닝 전문가인 니시다 후미오는《된다 된다 나는 된다》에서 우리에게 부정을 긍정으로 바꾸는 습관을 요구하고 있다.

■ 싫어하는 상사 → 반면교사 역할을 하는 고마운 상사

까다로운 선배 → 의지와 자기 철학이 강한 매력적인 선배

말을 함부로 하는 동료 → 자신의 의사를 과감하고 솔직하게 표현하는 사람

쩨쩨한 사람 → 낭비하지 않고 자기관리에 뛰어난 사람

이처럼 사고의 부정적 회로를 긍정적 회로로 새롭게 바꿔보는 것이다. 인간의 뇌는 정반대되는 두 가지 데이터를 동시에 입력하지 못한다. 때문에 '즐겁다'고 생각할 때는 '괴롭다'라는 생각이 파고들 여지가 없다. 부정이 나를 부정하는 게 아니라 오히려 내 인생과 미래를 부유하게 만들어주는 기회라 생각한다면 오늘도 내일도 두려울 게 없다. 보다 더 편안하고 행복한 마음으로 살아갈 수 있을 것이다.

5

굿바이
게으름!

———

게으름의 보복은 두 가지다.
하나는 자신의 실패요,
다른 하나는 내가 하지 않은 일을 한
옆 사람의 성공이다.

_쥘 르나르 Jules Renard

개그맨 최양락과 무서운 운전자

게으름에 관한 두 가지 이야기가 있다.

첫 번째는 개그맨 최양락의 일화다. 그가 아파트 4층에 살던 시절의 이야기다. 밖에서는 그 누구 못지않게 왕성하게 움직이는 그였지만 이상하게 집에만 오면 모든 것이 다 귀찮게 느껴졌다. 그래서 집에서는 게으름뱅이가 된다. 어느 날, 집 앞에 있는 가게에서 물건을 살 일이 생겼는데 꼼짝도 하기 싫은 것이다.

'자그마한 물건 몇 개 사는데 배달해 달라고 할 수도 없고 이거 참 어떻게 하지?'

한참 고민하다가 꽤 괜찮은 묘책을 하나 생각해냈다.

'그래, 바구니로 두레박을 만드는 거야!'

그는 창문을 열고 긴 끈을 묶은 바구니를 1층으로 내렸다. 그리고 가게 아주머니에게 소리쳤다.

"아주머니, 그 바구니에 라면이랑 콜라 두 병만 담아주세요. 물건 받으면 돈은 바로 내려 보낼게요."

그 바구니가 오르락내리락 엘리베이터 역할을 한 것이다.

두 번째 이야기는 각종 온라인 커뮤니티 게시판에 한 장의 사진과 함께 '게으른 운전자'라는 제목으로 올라왔던 게시물이다. 한겨울에 도로를 주행하는 자동차의 모습이 보인다. 그런데 그 자동차 위에는 족히 20센티미터나 되는 눈이 수북이 쌓여 있었다. 자세히 보면 운전석 앞쪽 유리창만 눈이 치워져 있고 다른 부분에 쌓인 눈은 그대로 남아 있다. 운전자는 시야가 잘 확보되지 않았음에도 미끄러운 길에서 시속 110킬로미터로 달렸다. 자칫 큰 사고로 이어질 수 있는 상황이다. 무서운 질주를 하고 있는 이 운전자는 게으름의 끝을 보여주고 있다.

게으름 유전자

두 이야기를 들은 소감이 어떠한가? 분명 혀를 쯧쯧 차는 사람이 있을 것이다. '저렇게 게을러서 뭘 하겠다고……' 한심하기도 하고 이해가 안 될 수도 있지만 저 모습은 우리의 모습과 많이 닮아 있다.

누구나 다 게으름의 유전자를 품고 있다. 손가락 하나 까딱하기 싫은 날이 있다. 아무것도 하기 싫은 날이 있다. 하루 종일 소파에 누워 배 득득 긁어가며 빈둥거리고 싶은 날이 있다. 그런 날이 찾아오면 별 수 없다. 그냥 한없이 게으름을 피울 수밖에. 이처럼 게으름은 우리에게 참으로 익숙한 행동이다.

정신과 의사이자 세계적인 베스트셀러 작가인 M. 스콧 펙은 《아직도 가야 할 길》에서 인간 안에 내재된 게으름에 대해 이렇게 말한 바 있다.

> 게으름은 실재하는 현실이다. 그것은 우리들 모두에게 있
> 다. 아기들, 어린이들, 청소년들, 장년들, 노인들, 게다가 현명
> 한 자든 우매한 자든, 장애인이든 비장애인이든 우리 모두
> 에게. 어떤 사람은 다른 사람보다 덜 게으를지는 모르지만
> 그것도 정도의 차이에 불과하다. 야심만만하고 정력이 넘치
> 며 영리한 사람조차도, 냉정하게 스스로를 성찰해보면 자
> 기 속에 게으름이 잠복해 있음을 발견할 것이다.

누구나 다 게으름을 갖고 있다. 게으름을 조절하는 능력의
차이가 있을 뿐이다. 그리고 어쩌면 늘 일과 시간에 쫓기며 사
는 현대인에게 게으름이란 필요한 요소인지도 모르겠다. 게으
름의 순기능도 분명 있다. 경쟁과 시기의 먹이사슬에서 잠시 벗
어나 게으름을 피우며 휴식도 취하고 복잡한 머리도 정화시
킨다면 그 게으름은 분명 힘찬 내일을 위한 재충전의 효과가
있다.

프랑스의 지성 피에르 상소도 《게으름의 즐거움》을 통해 게
으름의 긍정적인 면을 말했다.

게으름은 한 발짝 뒤로 물러남이다. 그러나 정신까지도 물러나는 것은 아니다. 맞서는 것을 잠깐 멈추는 식의 물러남이다. 이 세상이 뭐가 되든지, 되어 가는 대로 흘러가는 것이라고나 할까.

열 걸음 전진을 위해서는 한 걸음의 후퇴 혹은 멈춤이 필요하다. 그러나 이건 어디까지나 열심히 일한 자에게만 주어지는 특권이다.

게으름에게 뒷덜미를 잡히지 마라

문제는 게으른 사람은 모든 면에서 무기력하고 인생이나 꿈에 대한 열정도 느슨하다는 것이다. 또한 한번 게으름에 빠진 사람은 거기에서 쉽게 벗어나지 못한다. 그만큼 중독성이 강하다는 것이다. 정신과 전문의인 문요한 대표는 저서 《굿바이 게으름》에서 이렇게 말했다.

게으름은 늪과 같습니다. 초기에는 빠져나올 수 있지만 어느 정도 몸이 잠기고 나면 몸부림칠수록 더 깊이 빠져듭니다. 그렇기에 초기에 '멈춰!'라고 외치는 행동이 필요합니다. 정말 외쳐야 합니다. 그냥 큰소리를 지를 수도 있지만 구체적으로 어떻게 하는 것이 좋을지는 우리 스스로 정해야 합니다.

게으름은 인간이 갖고 태어난 본성 중 하나다. 누구나 그러하듯 서 있으면 앉고 싶고 앉으면 눕고 싶다. 한번 게으름의 늪에 빠지면 점점 깊게 들어가기 마련이다.

게으른 자는 행동부터 달라진다. 책상 위에 잡동사니가 어지럽게 널려 있어도 정리를 미룬다. '5분만 더! 5분만 더!'를 외치더니 매일 지각을 한다. 최소한의 활동마저도 생략해버린다. 그나마 행동적 게으름은 불행 중 다행이다. 이보다 심각한 건 행동적 게으름이 정신적 게으름으로 발전해버리는 것이다. 그래서 어려운 문제에 직면하면 외면해버리고 도피해버린다. 발전과 성장에 대한 갈망보다 현실에 안주하려 하고 변화로 인해 자신이 감당해야 할 절제나 노력 등의 요구를 거부한다. 그러다 보면 매사에 수동적일 수밖에 없고 결국 성공과 담을 쌓게 되고 시대의 흐름에서 뒤처져 도태되고 만다.

마쓰이 히로미치는 《젊은 부자의 심플한 성공법칙》에서 게으름이 어떻게 불행이라는 도미노의 첫 시작이 되는지를 쓰고 있다.

오늘 안에 영업 자료를 만들기로 했는데 못했다? 못한 게 아니라 안 한 거지! 그로써 엄청난 파장이 일어난다네. 밀린 일을 하느라 다른 일을 못하게 되니 성과는 떨어지고 자신감도 바닥이 나. 자신에게 한 거짓말과 속임수가 지금껏 쌓아온 모든 걸 차례차례 빼앗아가는 거야. 약속을 어기는 건 도둑질의 첫걸음이지.

결국 그 사람에게는 아무도 기대하지 않고 협력을 요청하지도 않아. 인간관계나 수입이나 모든 게 엉망진창이 돼버리지. 게으름은 가난의 지름길이라는 걸 명심해.

가난한 미래를 원하는 사람은 아무도 없을 것이다. 지금 당장 땅바닥을 밟고 용수철처럼 튀어 올라 게으름의 늪에서 탈출해야 한다. 빠른 걸음으로 도망가야 한다. 게으름과 가난에게 잡히지 않으려면 뒤도 돌아보지 말아야 한다.

게으름과 이별하는 방법

1_무턱대고 하지 않기

"일단 저지르고 보자!" 이런 저돌적인 자세도 삶에 있어 필요할 때가 있다. 그러나 자칫 아무런 계획 없이 일을 저지르면 뒷감당하기가 힘들다. 일이 잘 풀린다면야 좋겠지만 무턱대고 들이댄 일들은 대부분 오래가지 못한다. 일이 서로 뒤엉키게 되고 쉽게 짜증이 난다. 그러다 보면 부정적인 생각들이 마음속에 쌓이게 되고 결국 그 일을 방치하게 되고 게으름을 피우게 된다. 이왕 할 일이라면 보다 더 계획적으로 접근하는 게 낫다. 계획을 세우는 습관을 들이면 일을 쉽게 진행할 수 있고 속도도 빠르고 일의 완성도도 질적으로 높아진다. 이처럼 계획된 일은 게으름을 스스로 통제할 수 있는 힘을 갖게 한다.

2_필요 없는 건 모으지 않기

게으른 사람은 정리에 약하다. 그런데 처음부터 그런 게 아니다. 정리할 양이 적을 때는 미루지 않고 바로바로 정리한다. 그런데 정리할 양이 많아지기 시작하면 정리할 엄두를 내지 못한다. 그러면 미루게 되고 결국 게으름과 친구가 되고 만다. 정리만 잘해도 게으름의 반은 버릴 수 있다. 정리할 마음을 굳게 다지고 일단 날을 잡아라. 버려야 할 것과 간직해야 할 것을 나누고 다시 간직해야 할 것 중에서 버려야 할 것을 골라내라. 그러고도 한 번 더 버려야 할 것을 골라내라. 사실 간직해야 할 건 거의 없다. 그 당시에는 꼭 필요한 것 같지만 며칠만 지나면 방치하게 되고 자리만 차지하는 애물단지가 되고 만다. 잡동사

니와 결별을 선언하라. 과감히 버릴 줄 아는 사람만이 게으름으로부터 벗어날 수 있다.

3_밖으로 무작정 나가기

혼자 있을 때 TV를 서서 보는 사람은 거의 없다. 편하게 누워 본다. 식사도 배달요리를 시켜 먹거나 대충 있는 반찬으로 때운다. 그것도 귀찮으면 그냥 굶는다. 머리 감는 것도 귀찮고 심지어 세수도 해야 할 이유가 없다. 왜? 혼자니까. 그러다 보면 집이 곧 게으름의 무덤이 되고 만다. 게으름의 무덤에서 벗어나는 방법은 밖으로 나가는 것이다. 일거리를 찾아 나가거나 친구와 만나거나 그것도 아니면 그냥 바깥바람을 쐬러 나가거나 해서 일단 밖으로 나가라. 밖으로 나갈 때 꾀죄죄하게 나갈 순 없다. 그러다 보면 거울도 한 번 더 보게 되는 등 멋있게 꾸미게 되고 밖에서 벌어질 일에 대해 생각도 하게 되고 멈춰 있는 모든 감정과 감각이 재가동된다. 그 순간이 굼벵이가 나비로 변하는 때다. 그러니 게으름은 안에 꼭꼭 숨겨두고 활기를 내뿜으며 밖으로 나가라.

6

한계, 뛰어넘을 때
비로소 깨닫게 되는
마음의 축복

———

스스로 한계를 정하지 말라.
자신을 한계 짓지 말라.
당신의 마음이 정하는 만큼 갈 수 있다.
믿는 것, 당신은 그걸 성취할 수 있다.

_메리 케이 애시Mary Kay Ash

능력의 용불용설用不用說

의외로 인간은 강하다. 여기서 굳이 '의외로'라는 단어를 수식어로 붙인 이유는 대부분 사람들이 자신의 능력을 과소평가하는 경향이 있기 때문이다.

"안 돼. 이 정도는 나에겐 무리야."

"한 번도 성공한 적이 없는데 이번에도 당연히 실패하겠지."

"괜히 시도했다가 본전도 못 찾지."

"시간도 없고 돈도 없어."

온갖 부정적인 말로 자신의 능력을 깎아내린다. 그러나 분명한 건 우리의 능력이 생각보다 훨씬 더 강하고 위대하다는 사실이다. 안타까운 사실은 그 위대한 능력이 아직 발견되지 않아 제대로 써먹지 못하고 있다는 것이다.

능력은 가변적이다. 어떻게 하느냐에 따라 그 능력이 배가가 되기도 하고 아니면 소멸되기도 한다는 말이다. 이는 프랑스의 진화론자 라마르크가 주창한 용불용설用不用說과 일맥상통하는 부분이다. 용불용설에 따르면 자주 사용하는 기관은 발달하고 강해지는 반면 사용하지 않는 기관은 점점 퇴화되고 끝내는 제구실을 할 수 없어 사라지고 만다. 능력 역시 그렇다. 어떤 상황 앞에서 스스로를 믿지 못한 채 움츠러들거나 포기하게 되면 그나마 갖고 있던 능력마저도 그 힘을 잃게 된다. 반면 자신의 능력을 믿고 새로운 과제와 주어진 환경에 끊임없이 부딪히고 덤벼들면 그 능력은 점점 단련이 돼 언젠가는 놀라운 기적을 이끌어내기도 한다.

1회 강연료가 무려 8억 원이나 된다는 성공학의 대부 브라이언 트레이시는 《12가지 성공법칙》에서 한계에 대처하는 마음 자세에 대해 이렇게 설파했다.

■ 우리의 최대 한계는 외부에 있지 않다. 그것은 내부에, 우리의 마음속에 있다. 스스로 한계를 만드는 자기 자신의 고정관념으로 말이다. 그 관념은 자신을 싸구려로 내놓게 하며, 정말 할 수 있는 것보다 훨씬 적은 것에 만족하도록 한다.

많은 사람들이 자신은 별로 똑똑하지도 않고, 창조성도 없으며, 원하는 걸 얻을 만큼 재능도 없다고 생각한다. 그러나 그런 생각은 대개 아무런 근거가 없다. 사실, 대부분 잘못된 생각이다. 우리가 극복할 수 없는 한계는 많지 않다. 스스로 마음에 만든 한계를 제외하고는. 헨리 포드는 말했다. "무언가를 할 수 있는 거라고 믿든, 할 수 없을 거라고 믿든, 그대로 될 것이다."

여기가 중요하다. 뭔가를 간절히 바란다면, 반드시 그것을 달성할 능력도 갖추게 된다. 그런 염원이 있다는 것 자체가 그것을 이룰 능력이 이미 갖춰져 있다는 증거인 경우가 많다.

의지는 결코 한계 안에 갇히지 않는다

한계를 극복하기 위해선 강한 정신력이 뒷받침되어야 있다. 그러나 그보다 더 전제되어야 할 게 있다. 바로 한계를 이겨내야 하는 분명한 이유와 강력한 동기부여다. 목표가 확고하고 열망이 강해야 한계 상황과 맞닥뜨렸을 때 다시 한 번 버티고 뛰어넘을 수 있는 힘이 생긴다. 아무 이유 없이 버티고 이겨낼 순 없다. 나폴레옹은 전쟁을 치르기 전에 늘 당당한 어투로 이렇게 말했다.

"전쟁의 승리는 우리가 이미 장악하였다. 치밀한 목표 달성 계획은 이미 텐트 안에서 완성되었기 때문이다. 우리는 텐트 안에서 이미 승리를 맛보았다. 나는 오직 목표만을 바라볼 뿐이다. 목표를 향해 전진해가면서 장애물이 생기면 생기는 대로 그것을 없애면 되기 때문이다."

나폴레옹은 이미 승리자의 마음과 태도로 무장한 채 전쟁에 임했다. 아무리 총과 칼이 많고 병사가 많다고 한들 마음과 태도의 무장보다 더 강한 게 있겠는가. 스스로 한계를 정하지 않는다면 그 무엇도 두렵지 않다.

장애물을 벽으로 여기지 않고 강한 의지로 뛰어넘은 아홉 살짜리 소년이 있다. 그 소년의 이름은 '브라이언 테일러'다. 그 소년이 위대한 이유는 다음과 같다. (이 이야기는 김양호의 《성공하는 사람은 생각이 다르다》에 나오는 브라이언 테일러의 일화를 재구성한 것이다.)

어느 날, 소년은 친구들이 삼삼오오 모여 신나게 자전거를 타는 걸 봤다. 집에 돌아온 소년은 그 시각 이후로 계속해서 엄마를 졸라댔다.

"엄마, 나도 자전거 탈래."

"안 돼!"

"엄마, 나도 타고 싶단 말이야. 허락해줘."

아이가 자전거 좀 타겠다는데 엄마는 왜 그리 극구 반대할까 의아해할지 모르겠지만 다 이유가 있었다. 소년은 한쪽 발이 없었던 것이다. 엄마는 안 된다고 했지만 아이의 자전거에 대한 열망을 꺾을 순 없었다.

그날 이후로 소년은 자전거를 타기 시작했다. 그리고 아주 맹랑한 꿈을 꿨다.

"그래, 이왕 시작한 거 자전거 타기에서 최고가 될 거야."

그 꿈이 소년에겐 다소 무리이긴 하지만 그래도 꿈을 정하고 나니 마음가짐부터 달라졌다. 넘어져 남은 한쪽 다리마저 다치고 팔꿈치에 상처가 나도 씩씩하게 일어났다. 얼마나 열심히 탔던지 새 자전거를 두 대나 부숴버릴 정도였다. 지독한 연습과 끈기로 소년은 프로 선수에 버금가는 실력을 갖추게 되었다. 그리고 이번에는 100마일(약 161Km) 주행에 도전했다.

"브라이언, 이러다 큰일나겠다. 이쯤하면 됐으니 그만 멈춰라. 몸도 성치 않잖니?"

"그래서 더더욱 멈출 수 없어요. 장애물은 벽이 아니라 허들이잖아요. 뛰어넘어야 하는 거잖아요."

100마일 주행을 위한 첫 바퀴가 굴러갔다. 소년은 더 빠른 속도를 내기 위해 아예 자신의 발을 페달에 묶어버렸다. 그리고 마침내 그 누구도 할 수 없는 일을 아홉 살 브라이언이 해내고 말았다. 한쪽 발로 100마일 이상의 자전거 주행 기록을 세운 것이다.

가장 강한 쇠는 가장 뜨거운 불에서 태어난다

브라이언 테일러는 우리에게 도전을 통해 한계를 스스로 해방시키는 것이 얼마나 위대한 일인지를 보여주고 있다. 자신의 능력을 얕잡아 보거나 자신이 할 수 있는 것과 할 수 없는 것을 미리 선을 그어 놓을 필요는 없다. 능력은 무한하다. 무슨 일이든 최선 이상의 노력으로 한계점에 도달하는 훈련을 반복하다 보면 그 한계점은 점점 높아진다. 한계는 앞을 가로막는 장애물이 아니라 뛰어넘어야 할 허들에 불과하다.

도전이란 단어 안에는 불안과 두려움도 내포되어 있지만 그게 전부가 아니다. 자신의 능력을 발휘할 수 있는 좋은 기회라는 사실도 내포하고 있다. 뛰어난 이야기꾼인 앤디 앤드루스는 저서 《폰더 씨의 위대한 하루》에서 이런 말을 했다.

여기에 있는 물건들은 지상에 있는 사람들이 조금만 더 열심히 일을 하고 또 기도를 올렸더라면 그들에게 주려고 마련해 놓았던 물건입니다. 하지만 그들이 더 이상 기도하지 않고 일하지도 않기 때문에 취소되어 여기에 쌓이게 된 것입니다. 이 창고는 용기 없는 사람들의 꿈과 목표로 가득 들어차 있습니다.

어쩌면 우리는 지금 이 순간에 꿈과 목표를 통해 얻을 수 있는 소중한 선물을 거부하고 있는지도 모른다. 이제는 회피하지 말아야 한다. 우회하지 말아야 한다. 포기의 유혹을 버리고 돛을 올려 새로운 바람을 맞아야 한다. 그러면 그 배는 분명 한계의 파도를 넘어 자신이 설정한 목표의 항구에 도달할 수 있을 것이다. 자신의 한계를 무시하라. 정면으로 돌파하고 한계의 희열을 맛봐야 한다.

가장 강한 쇠는 가장 뜨거운 불에서 만들어지고 가장 밝은 별은 가장 깊은 어둠에서 빛을 내뿜는다. 도전을 통해 한계를 만나고 그 한계를 통해 더 강한 우리를 만들어보자.

나는 혼자 설
준비가 되어 있다

:무엇에도 흔들리지 않는 마음 연습 33

초판 인쇄	2016년 3월 25일
초판 발행	2016년 4월 5일
지은이	김이율
펴낸이	염현숙
편집인	김성수
기획·책임편집	김성수
디자인	최정윤
마케팅	방미연 최향모 함유지
홍보	김희숙 김상만 이천희
제작	강신은 김동욱 임현식
펴낸곳	(주)문학동네
출판등록	1993년 10월 22일 제406-2003-000045호
임프린트	아템포
주소	10881 경기도 파주시 회동길 210
문의전화	031-955-1930(편집) 031-955-2655(마케팅)
팩스	031-955-8855
전자우편	kss7507@munhak.com
ISBN	978-89-546-3994-1 03320

• 아템포는 문학동네 출판그룹의 임프린트입니다. 이 책의 판권은 지은이와 아템포에 있습니다.
• 이 책 내용의 전부 또는 일부를 재사용하려면 반드시 양측의 서면동의를 받아야 합니다.
• 이 도서의 국립중앙도서관 출판시도서목록(CIP)은 서지정보유통지원시스템
  홈페이지(http://seoji.nl.go.kr)와 국가자료공동목록시스템(http://www.nl.go.kr/kolisnet)에서
  이용하실 수 있습니다.(CIP제어번호: CIP2016006733)

www.munhak.com